JN233091

英語学モノグラフシリーズ 8

原口庄輔／中島平三／中村　捷／河上誓作　編

機 能 範 疇

金子　義明
遠藤　喜雄　著

研 究 社

まえがき

　言語を構成する要素は，それ自身独立した語彙的意味を持つ要素と，それが表現する文法上の概念を除いてはほとんど意味を持たないと考えられる要素に分けられる．前者を実語（full word）と呼び，後者を機能語（function word）と呼んで区別したのは，構造言語学者 Fries であるが，この区別自体はすでに伝統文法にも見られ，機能語の概念は伝統文法の形式語（form word）の概念とほぼ重なり合う．Fries のあげている機能語には，冠詞，助動詞，否定辞，前置詞，接続詞などのほかに，疑問詞（why, where, how など），間投詞（well, yes など），虚辞の there などが含まれている．そして，機能語の特徴として，項目の数がきわめて限られていること，その構造的意味とは別に語彙的意味を指定するのがむずかしいことなどの特徴があげられている．

　現在の生成文法理論では，実語に対応するものを語彙範疇（lexical category）と呼び，機能語に対応するものを機能範疇（functional category）と呼んでいるが，この対応関係は完全に重なり合うのではない．たとえば，Fries が機能語としてあげている虚辞，疑問詞，間投詞などは機能範疇には含まれないが，そこにあげられていない時制要素は機能範疇として重要な位置を占めている．語彙範疇によって示される意味内容を表す語は，ほぼどの言語においても見いだされるのに対して，機能範疇によって示される意味や機能は，言語ごとに異なる形式で示される．たとえば，独立した語として表される場合，屈折形として表される場合，語形変化として表される場合，さらに機能範疇そのものが存在しない場合など，言語によってさまざまである．このような，言語ごとに異なる機能範疇の相違に呼応して，言語間の変異は，機能範疇に含まれる形態的特性（特に屈折特性）の相違に帰せられるとするパラメータ変異（parametric variation）の

考え方が有力な研究指針となっている．このように見ると，機能範疇は，語彙範疇の添え物で文法関係を表すためだけの要素であるのではなく，特に，言語間の相違に関わる情報が詰め込まれている，きわめて重要な要素であることが理解されるであろう．さらに，助動詞，時制，法，相，態などの機能範疇が，豊かで複雑な意味を持つことも本書を通して明らかになるであろう．

　本書は，『語彙範疇(I), (II)』の巻と対をなすものである．第1章から第3章までを金子義明が担当し，第4章から第8章までを遠藤喜雄が担当した．第1章では助動詞要素の統語論を論じ，第2章では時制の統語論と解釈の問題を論じている．第3章では法とモダリティを扱い，特に法助動詞の意味について詳述している．第4章では，動詞の相（aspect）について事象意味論の観点から考察し，第5章では完了相と進行相の2つの文法的相について論じ，第6章では個体述語と一時述語の区別と構文の関係を論じている．第7章では，受動形態素の性質の観点から受動態について検討し，第8章では機能範疇の接続詞と決定詞について論じている．これらの論述には，機能範疇に関する最新情報は言うまでもなく，著者それぞれの独自の観点も多々織り込まれている．また，どこまでが明らかになっており，どの点が未解決の問題として残っているかを明示することにより，読者に対して，研究すべき方向について有益な情報を提供するものと期待される．

2001年6月

編　者

目　　次

まえがき　iii

第1章　助　動　詞 —————————————— 1

1.1　文の基本構造と機能範疇　1
1.1.1　助動詞と機能範疇　1
1.1.2　文構造と機能範疇　3
1.2　英語の助動詞現象　8
1.2.1　形態素と動詞要素の融合　8
1.2.2　Iへの繰り上げ　10
1.2.3　文否定のNotとDo支持　14
1.2.4　主語・助動詞倒置　21
1.2.5　動詞句前置　27
1.2.6　動詞句省略　28
1.2.7　付加疑問文　30
1.3　Be動詞について　31
1.4　まとめ: 機能範疇の階層　35

第2章　時　　　制 —————————————— 38

2.1　英語の時制と時制解釈　38
2.1.1　時制と文構造　38
2.1.2　時の意味解釈　39

2.1.3　時の解釈の表示　　40
　　2.1.4　時の副詞表現の解釈　　43
2.2　時制の用法　47
　　2.2.1　現在時制と過去時制　　47
　　2.2.2　未来表現のWill (Shall)　　48
　　2.2.3　完了形と過去時制　　50
　　2.2.4　未来完了　　52
　　2.2.5　現在形による未来表現　　53
2.3　時制と従属節　54
　　2.3.1　不定詞補文と時の解釈　　54
　　2.3.2　定形補文の時制の解釈　　58
　　2.3.3　時の副詞節の時制　　60
2.4　まとめ　64

第3章　法　　　　　　　　　　　　　　65

3.1　英語の法　65
3.2　命令法　66
　　3.2.1　命令文の統語特性と構造　　66
　　3.2.2　命令文における助動詞特性　　68
　　3.2.3　命令文の主語　　72
　　3.2.4　命令文の時の解釈　　76
3.3　仮定法現在　76
　　3.3.1　仮定法現在節の特性と構造　　77
　　3.3.2　仮定法現在節の特性の説明　　80
　　3.3.3　仮定法現在節の時の解釈　　82
3.4　仮定法過去　84
3.5　法助動詞　90

3.5.1　法助動詞と語形　　90
　　3.5.2　認識様態用法と根源用法　　92
　　3.5.3　法助動詞を含む文の構造　　93
　　3.5.4　法助動詞の根源的解釈　　97
　　3.5.5　法助動詞の作用域現象　　100
　3.6　まとめ　　104

第4章　相──105
　4.1　相の基本的性質　　105
　4.2　相の判別方法　　109
　4.3　Small v の特徴　　111
　4.4　アスペクト句の特徴　　114
　4.5　対格と相　　116
　4.6　相にまつわる諸問題　　123

第5章　文法的相──125
　5.1　進行相の中核的な意味　　125
　5.2　進行形における状態動詞　　129
　5.3　完了形の中核的な意味　　133

第6章　機能範疇にまつわる構文──138
　6.1　個体述語と一時的述語　　138
　6.2　小節における機能範疇　　144

第7章　態──149
　7.1　態の概要　　149
　7.2　受動態の統語的特徴　　149

7.3　受動態の意味的特徴　155
7.4　形容詞的受動態の統語的特徴　164
7.5　形容詞的受動態の意味的特徴　166
7.6　By 句の特質　169

第8章　接続詞と決定詞 ——————176

8.1　概　　要　176
8.2　DP 仮　説　176
8.3　C の特性　180
  8.3.1　Though 移動　182
  8.3.2　When 節の条件解釈　185
8.4　CoP の特性　188
  8.4.1　接続詞の統語的特性　188
  8.4.2　接続詞の意味的特性　193

参考文献　199
索　　引　211

第1章 助動詞

1.1 文の基本構造と機能範疇

本節では，英語の文の基本構造にかかわる機能範疇を概観し，それらの機能範疇が文構造のなかにどのように位置づけられるかを見よう．

1.1.1 助動詞と機能範疇

範疇 (category)（すなわち，品詞）は，大きく，語彙範疇 (lexical category) と機能範疇 (functional category) に分けられる．語彙範疇は，名詞的性質を示す範疇素性 [±N] と，動詞的性質を示す範疇素性 [±V] の組み合わせで規定される．

（1） 語彙範疇

	+N	−N
−V	名詞	前置詞
+V	形容詞	動詞

すなわち，[+N, −V] である名詞，[−N, +V] である動詞，[+N, +V] である形容詞，[−N, −V] である前置詞の4つの範疇が語彙範疇である．

これら4範疇以外の範疇は，機能範疇であり，定冠詞 the を含む決定詞 (determiner: D(et))，従属接続詞 that を含む補文標識 (complementizer: C(OMP)) などが代表例である．

動詞にかかわりをもつ機能範疇としては，(2) にあげる助動詞 (auxiliary verb) がある．

（2） 主要な助動詞
    a. 法助動詞（modal）: must, can, should, will, may, etc.
    b. 完了相（perfect aspect）助動詞: have
    c. 進行相（progressive aspect）助動詞: be

さらに，受動態（passive）の be や，述語を導く be も助動詞としての性質をもつ。

助動詞には，現在形・過去形の区別がある（will–would, have (has)–had, is–was, are–were, etc.）など，動詞との共通性があるが，以下の現象をはじめとするいくつかの点で，動詞との相違が見られる（詳しくは 1.2 参照）。

（3） 主語との倒置現象の有無
    a. Must John write anything?
    b. Has John written anything?
    c. Is John writing anything?
    d. *{Writes / wrote} John anything?
（4） 否定文の not との共起制限
    a. John must not write anything.
    b. John has not written anything.
    c. John is not writing anything.
    d. *John {writes / wrote} not anything.
    e. *John not {writes / wrote} anything.

このような相違から，助動詞は，動詞と共通の素性 [–N, +V] に加えて，素性 [+Aux(iliary)] をもつ機能範疇と考えられる。さらに，法助動詞は [+Mod(al)]，完了相の have は [+Perf(ect)] をもつ。be 動詞は共通して素性 [+Cop(ular)] をもち，これに [+Prog(ressive)] が加わると進行相の be となり，[+Pass(ive)] が加わると受動態の be となる。何も加わらなければ，述語を導く繋辞（copular）の be となる（⇒ 1.3）。本章では，be 動詞の代表として進行相の be を扱うことにする。

（5） a. 法助動詞: [–N, +V, +Aux, +Mod]

b. 完了相 have:　［–N, +V, +Aux, +Perf］
　　　c. 繋辞 be:　　［–N, +V, +Aux, +Cop］
　　　d. 進行相 be:　［–N, +V, +Aux, +Cop, +Prog］
　　　e. 受動態 be:　［–N, +V, +Aux, +Cop, +Pass］

1.1.2　文構造と機能範疇

　ここまで見た助動詞は，文構造のなかでどのように位置づけられるのであろうか．初期の生成文法では，(6a–d) のような句構造規則（phrase structure rule）を用いて，(7) の文構造が形成されると考えられた．((6b) の -en, -ing は，後続する動詞要素と結合する接辞（affix）であり，-en は過去分詞（past participle）接辞，-ing は現在分詞（present participle）接辞である．)

(6)　a.　S → NP Aux VP
　　　b.　Aux → Tense (Modal) (have-en) (be-ing)
　　　c.　Tense → {［Pres］/［Past］}
　　　d.　Modal → will, can, must, may, etc.

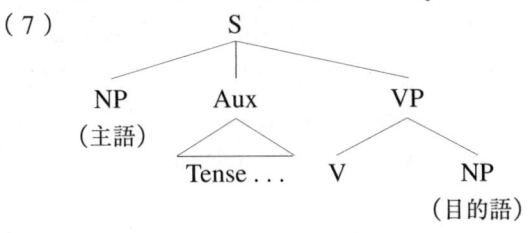

(7)
```
              S
     ┌────────┼────────┐
    NP       Aux       VP
  (主語)    ╱──╲    ┌───┼───┐
         Tense...   V      NP
                         (目的語)
```

　すなわち，助動詞は，S の構成素（constituent）である Aux の下に，時制要素 Tense とともに導入される．時制は義務的要素であり，現在 ［Pres(ent)］ あるいは過去 ［Past］ のいずれかの値をもつ．一方，助動詞は随意的に選択される．(6b) のすべての助動詞が選択されると，(8b) のような文が派生される．

(8)　a.　Mary would have been walking in the garden.

b.
```
              S
           /     \
         NP       VP
         |       /  \
        Mary   Aux   walk in the garden
              /   \
         Tense Mod [have-en] [be-ing]
           |    |
        [Past] will
```

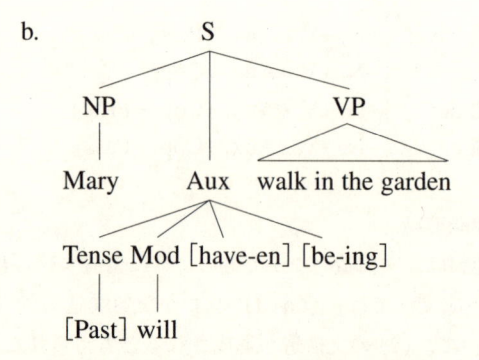

　時制の [Past]（および [Pres]），完了助動詞 have の -en，進行助動詞 be の -ing は接辞要素と考えられており，後続する動詞要素と形態的に融合 (merger) し，それぞれ，過去形（および現在形），過去分詞，現在分詞として具現化される．

（9）　Mary [Past] + will + [have-en] + [be-ing] + walk in the garden.
　　　　　　　↓　　　　　　　　↓　　　　　↓
　　　　　　 would　　　　　　 been　　　walking

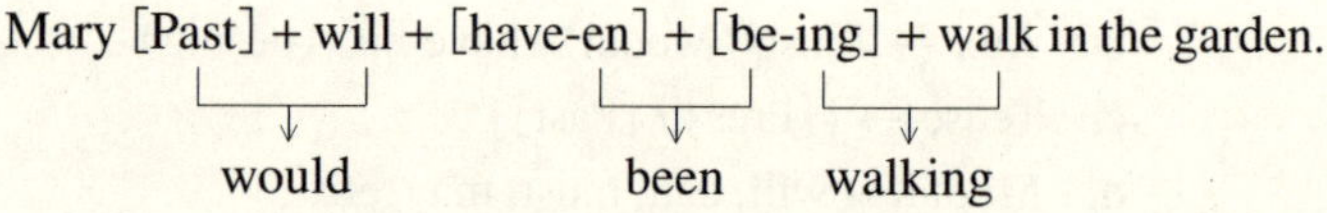

　このような初期の生成文法の分析は，助動詞にかかわる現象の規則性を捉えることができたが，仮定される文構造 (8b) は，自然言語の句構造にかかわる一般原理である X′ (X-bar) 理論の観点からすると，いくつかの問題を含んでいた．X′ 理論によれば，自然言語の句構造は次の X′ の式型に従う．

（10）
```
            XP
           /  \
     （指定部） X′
    （Specifier） / \
                X  （補部）
              主要部 (Complement)
              (Head)
```

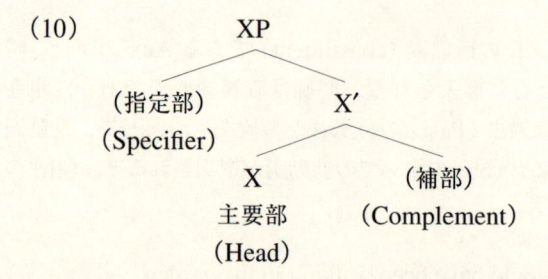

　この式型によれば，自然言語の句 XP は内心的 (endocentric) であり，か

ならず同一の範疇の主要部 X をもつ. すなわち, X′ の式型により, 自然言語の句構造には (11) の制約が課される.

(11)　自然言語の内心性: 自然言語の句は, かならず主要部をもたなければならない.

上記 (7) や (8b) の文構造は, 次のような点でこの制約に違反している. 第一に, 文 S はその主要部をもたないので, 内心性の制約に違反している. 第二に, Aux が複数の語彙項目を構成素としているので, 明確な主要部を決定できない.

このような点を考慮し, Chomsky (1986) は下記の文構造を提案した.

(12)　文構造の IP 分析

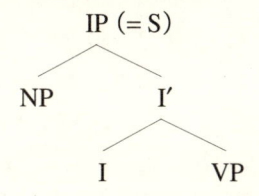

```
         IP (= S)
         /      \
        NP       I′
                / \
               I   VP
```

すなわち, 文は屈折要素 (inflection: I) を主要部とする句 IP であり, 主語 NP を指定部, 動詞句 VP を補部とする. I は, 時制素性 Tense と一致 (agreement: AGR) 素性から構成される. AGR は, 性 (gender) (男性 [masc(uline)]・女性 [fem(inine)]・中性 [neut(er)] のいずれか), 人称 (person) (1 人称 [1(st person)]・2 人称 [2(nd person)]・3 人称 [3(rd person)] のいずれか), 数 (number) (単数 [sing(ular)] あるいは複数 [pl(ural)]) の複合体である.

(13)　a.　I = [AGR, Tense]
　　　b.　Tense:　[Pres] / [Past]
　　　c.　AGR:　{Gender, Person, Number}
　　　　　(i)　Gender:　[masc] / [fem] / [neut]
　　　　　(ii)　Person:　[1] / [2] / [3]
　　　　　(iii)　Number:　[sing] / [pl]

たとえば，次の文 (14) を見よう．

(14) a. John loves Mary.

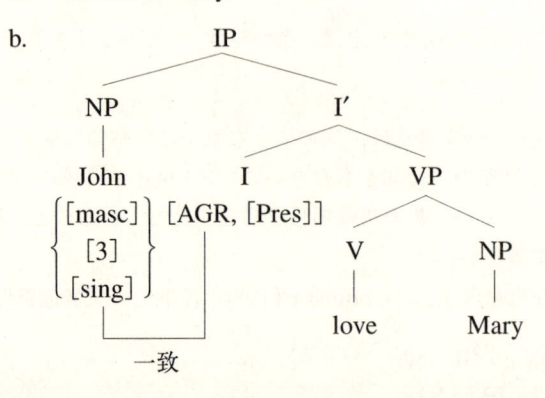

b.
```
                    IP
                   /  \
                 NP    I'
                 |    /  \
                John I    VP
              ⎧[masc]⎫   /  \
              ⎨ [3]  ⎬[AGR, [Pres]]
              ⎩[sing]⎭   V    NP
                         |    |
                        love Mary
```
　　　　　　　　　　　一致

IP の指定部である主語と主要部である I の AGR は，指定部・主要部一致 (spec-head agreement) により，一致しなければならない．この文の主語である John は，男性・3 人称・単数の名詞であるので，I の AGR を構成する素性も男性・3 人称・単数でなければならない．さらに (14) では，現在時制 [Pres] が選択されている．したがって，I は素性集合 [AGR = {[masc], [3], [sing]}, [Pres]] をもつ．これは形態素 (morpheme) -s として具現化され，動詞 love はこの形態素と融合し，loves として具現化される．

このように，文を機能範疇である屈折要素 I の句範疇 IP として分析することで，文を X' 理論の例外とせず，語彙範疇と同様の分析が可能となった．

機能範疇も X' の式型に従うとする考え方が，IP のみならず，すべての機能範疇になりたつと考えると，Aux の主要部に関する上記の問題も解消される．すなわち，法助動詞は Mod を主要部とする ModP を，完了相は Perf を主要部とする PerfP を，進行相は Prog を主要部とする ProgP を形成すると考えることができる (*cf.* Radford 1997; Cinque 1999)．すると，(8a) の文には次の構造が与えられ，IP, ModP, PerfP, ProgP は，X' 理論に従い，それぞれの主要部をもつ．

(15)　助動詞＝主要部分析

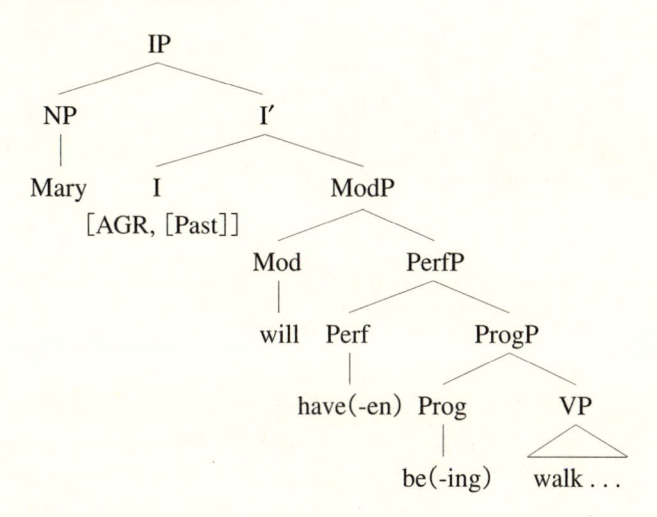

```
                    IP
                  /    \
                NP      I'
                |     /    \
              Mary   I      ModP
                  [AGR,[Past]] /    \
                             Mod    PerfP
                             |     /    \
                            will  Perf   ProgP
                                  |     /    \
                              have(-en) Prog   VP
                                         |    /△\
                                      be(-ing) walk ...
```

　自然言語の句構造が例外なく X′ 理論に従うとする考え方は，IP より上の節構造にもあてはめることができる．たとえば (16) を見よう．

　(16)　I believe [$_\alpha$ that [$_{IP}$ John loves Mary]].

(16) で主節動詞 believe の補部である α は，IP＝[John loves Mary] と補文標識 C の that を含んだ句である．従来，α は (17a) のように，S の投射（projection）である S′（S-bar）と分析された．しかし Chomsky (1986) は，(17b) に示すように，α を機能範疇 C の句範疇 CP と分析した．

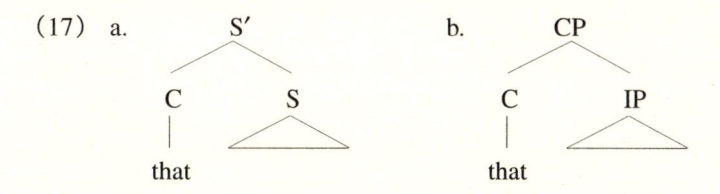

　(17)　a.　　　S′　　　　　　　b.　　　CP
　　　　　　　／＼　　　　　　　　　　　／＼
　　　　　　C　　S　　　　　　　　　　C　　IP
　　　　　　|　／△＼　　　　　　　　　|　／△＼
　　　　　that　　　　　　　　　　　 that

(17b) の構造では，α は機能範疇 C を主要部とする内心構造をもつ．CP が wh 疑問節である場合，CP の指定部に wh 句が移動される．

(18) a. I wonder [$_{CP}$ what [$_{IP}$ John bought]].
　　 b.　　　 ...V′
```
                V       CP
                |      /  \
              wonder      C′
                         /  \
                        C    IP
                     [+WH]  /  \
                          NP    I′
                          |    /  \
                         John I    VP
                         [AGR, Past] / \
                                    V   NP
                                    |   |
                                   buy what
```

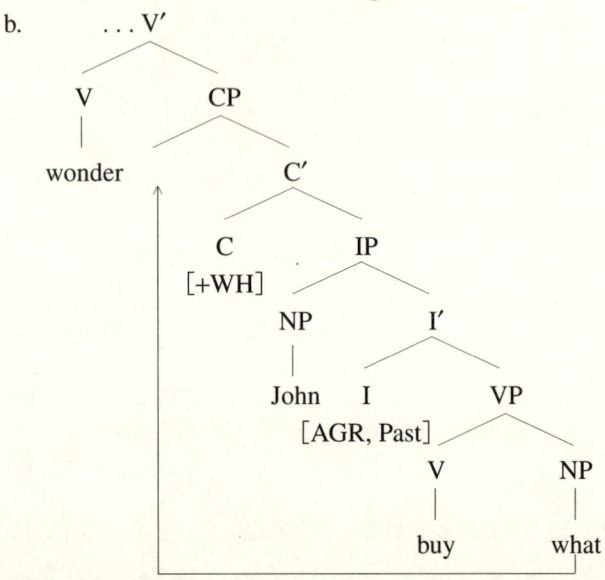

1.2　英語の助動詞現象

　本節では助動詞に特徴的な統語現象を概観し，それらの現象が，助動詞のもつ特性と，前節で見た機能範疇が X′ 理論に従い，独自の句を形成する主要部であるとする，CP-IP 分析による文構造や一般的原理・制約によって，どのように説明されるかを見よう．

1.2.1　形態素と動詞要素の融合

　助動詞現象について見る前に，時制や相にかかわる形態素と動詞や助動詞との形態的融合について，もう少し詳しく見よう．まず，時制について，時制の意味解釈を受ける意味素性である時制素性(現在時制 [Pres] と過去時制 [Past])と，動詞や助動詞の形態が現在形であるか過去形であるかを決定する，時制形態素(現在形形態素 PRES と過去形形態素 PAST)を区別しよう．そして，時制形態素，完了形形態素 -en，進行形形態素

-ing と，動詞および助動詞との形態的融合操作と，融合に課せられる隣接（adjacency）条件を以下のように規定しよう．（Aux は助動詞一般をさすものとする．）

(19) 形態素の融合：時制形態素，完了形形態素，進行形形態素は，それらを含む主要部（I, Perf, Prog）に後続し，音声内容をもつ動詞あるいは助動詞と融合される．

(20) 隣接条件：時制・相の形態素 M を含む主要部 H と，M と融合される助動詞あるいは動詞の間に，音声内容をもつ要素 Z が介在してはならない．ただし，Z が付加詞（adjunct）である場合は無視される．

…[H…M]…Z…Aux / V…

たとえば，以下の構造を見よう．

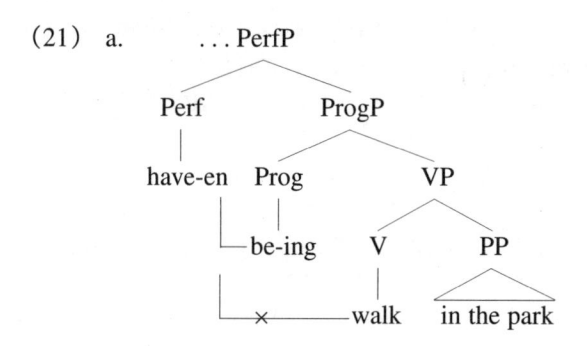

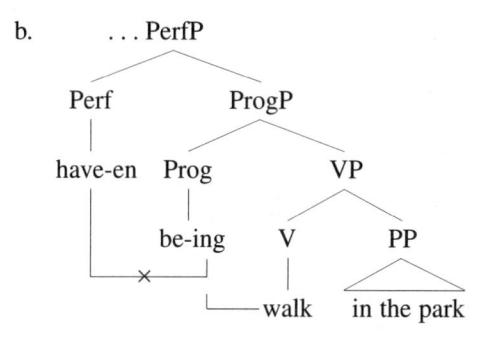

(21) a.　　　…PerfP
　　　　　　／＼
　　　　　Perf　ProgP
　　　　　｜　　／＼
　　　　have-en Prog　VP
　　　　　　　　｜　　／＼
　　　　　　　be-ing V　PP
　　　　　　　　　　｜　　△
　　　　　　　　　walk in the park

b.　　　…PerfP
　　　　／＼
　　　Perf　ProgP
　　　｜　　／＼
　　have-en Prog　VP
　　　　　　｜　　／＼
　　　　　be-ing V　PP
　　　　　　　　｜　　△
　　　　　　　walk in the park

(21a) で完了形形態素 -en と融合されるのは walk ではなく be である．というのは，-en と walk の間には音形をもつ助動詞 be が介在するので，隣接条件により融合が阻止される．一方，(21b) で進行形形態素 -ing と融合されるのは，have ではなく walk である．have は -ing に先行し，後続していないので，(19) の条件により，-ing と融合することはできない．このように，時制や相の形態素は，隣接して後続する動詞や助動詞と融合する．時制や相の形態素の融合に関しては，Lasnik (2000) を参照．

1.2.2 I への繰り上げ

語彙範疇としての一般動詞と機能範疇としての助動詞を区別する特性の1つとして，助動詞のみに見られる (22) の特性をあげることができる．(23a, b) は，この特性を具体的に示す派生である．(以下，法助動詞，完了助動詞 have, be 動詞を Aux とし，それらの句範疇を AuxP とする．)

(22) 助動詞の I への繰り上げ特性: I に助動詞 Aux が後続する場合，その助動詞 Aux は I へ繰り上げられて付加される．

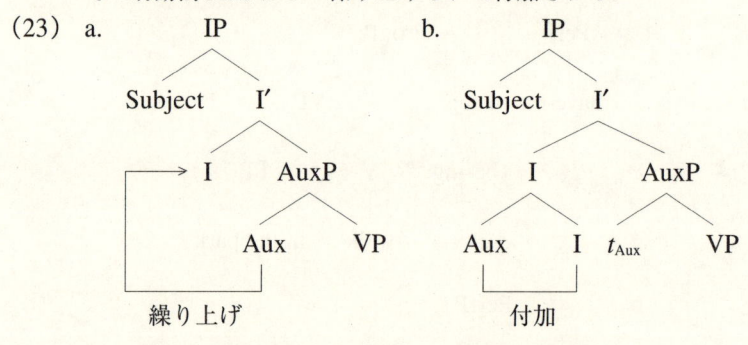

(23) a.
```
        IP
       /  \
  Subject  I'
          /  \
         I   AuxP
             /  \
           Aux   VP
```
繰り上げ

b.
```
        IP
       /  \
  Subject  I'
          /  \
         I   AuxP
        / \   / \
      Aux  I t_Aux VP
```
付加

I に複数の助動詞が後続する場合は，先頭の助動詞が繰り上げられる．

(24) [$_{IP}$ Subj [$_I$ __ I] [$_{AuxP1}$ Aux$_1$ [$_{AuxP2}$ Aux$_2$ [$_{VP}$ ...]]]]

これは，移動操作が最短移動 (shortest movement) の制約に従うためである．

(25) 最短移動の制約: 移動の候補が複数ある場合，移動先により近いものが移動される．

(24)では，I に 2 つの助動詞 Aux₁ と Aux₂ が後続しているが，Aux₂ よりも Aux₁ のほうが I に近いので，Aux₁ が移動されて I に付加される．この制約により，以下のような文法性の相違が説明される．(t は移動の痕跡 (trace) を表す．)

(26) a. John will have left Japan by tomorrow.
     b. [IP John [will I] [ModP t_will [PerfP have [VP left Japan by tomorrow]]]]

(27) a. *John has will {leave / left} Japan by tomorrow.
     b. [IP John [have I] [ModP will [PerfP t_have [VP {leave / left} Japan by tomorrow]]]]

(27)では，have が I により近い助動詞の will を跳び越えて移動されているので，最短移動の制約に違反し，非文法的になっている．

　助動詞が I へ繰り上げられると考えることにより説明される現象の 1 つとして，動詞や助動詞と probably のような文副詞 (sentence adverb: S-Adv) との語順をあげることができる．

(28) a　Joe's friends probably send letters to him.
                                          (Baker 1995, 353)
     b. *Joe's friends send probably letters to him.　　(*ibid.*)

(29) a. George {probably will / will probably} lose his mind.
                                      (Jackendoff 1972, 75)
     b. George {probably has / has probably} read the book.
                                               (*ibid.*)
     c. George {probably is / is probably} finishing his carrots.
                                               (*ibid.*)

(28a, b) が示すように，文副詞は一般動詞に後続して生ずることはない．これに対して，(29a–c) が示すように，文副詞は助動詞に先行することも

後続することもできる．(ただし Baker (1995, 354–355) によれば，助動詞は，文副詞に先行する場合，強勢 (stress) をもたず，一方，文副詞に後続する場合，強勢をもつという相違がある．)

　一般動詞と助動詞の間のこの相違は，次のように説明される．まず，文副詞 (S-Adv) は，IP, I′, あるいは I の補部となる句 XP に付加されるものとしよう (*cf.* Potsdam 1998, 107)．(S-Adv の番号は便宜上つけてある．)

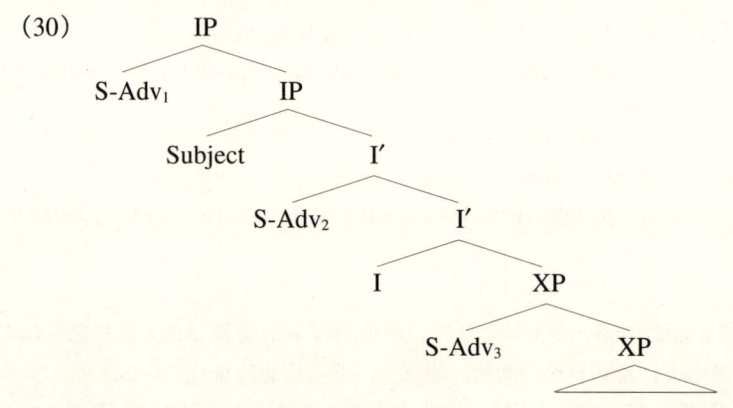

(30)
```
            IP
           /  \
       S-Adv₁  IP
              /  \
         Subject  I′
                 /  \
             S-Adv₂  I′
                    /  \
                   I    XP
                       /  \
                   S-Adv₃  XP
```

この構造に基づくと，一般動詞と助動詞の間に見られる文副詞との語順に関する相違は，I への繰り上げ特性の有無によって説明される．助動詞の場合，I へ繰り上げられるので，表面上，助動詞は S-Adv₂ の位置と S-Adv₃ の位置の間に生起する．

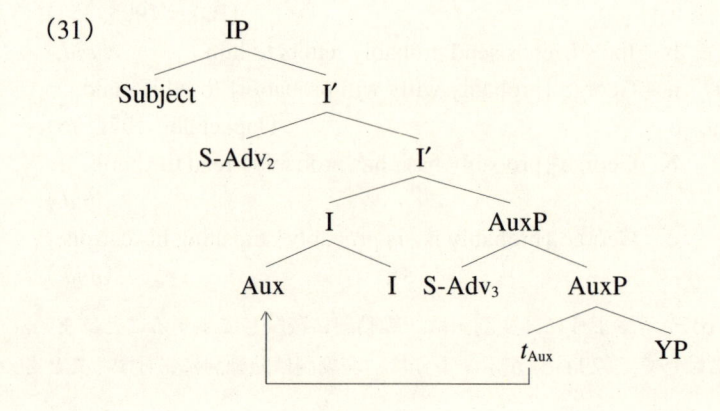

(31)
```
             IP
            /  \
       Subject  I′
               /  \
          S-Adv₂   I′
                  /  \
                 I    AuxP
                /\   /    \
              Aux I S-Adv₃ AuxP
                              \
                           t_Aux  YP
```

(32a) のように，文副詞が S-Adv$_2$ の位置に生ずると助動詞に先行し，(32b) のように，S-Adv$_3$ の位置に生ずると助動詞に後続する．

(32) a. George probably will lose hid mind.　(S-Adv$_2$)
[$_{IP}$ George [$_{I'}$ probably [$_{I'}$ will-I [$_{ModP}$ t_{will} [$_{VP}$ lose his mind]]]]]
b. George will probably lose his mind.　(S-Adv$_3$)
[$_{IP}$ George [$_{I'}$ will-I [$_{ModP}$ probably [$_{ModP}$ t_{will} [$_{VP}$ lose his mind]]]]]

I に付加された助動詞は，その位置で I の時制形態素と融合される．（上記 (31) で，Aux は下の I に先行するが，付加によって形成される上の I に含まれるので，I にもっとも近い要素として I の時制形態素と融合されるものとしよう．）たとえば，(32a, b) では，I の現在形形態素 PRES と，I に付加された will が融合される．

これに対して，一般動詞 V は I へ繰り上げられず，VP 内にとどまる．このため，文副詞が S-Adv$_2$ あるいは S-Adv$_3$ のいずれの位置に生起しても，文副詞はつねに一般動詞に先行する．

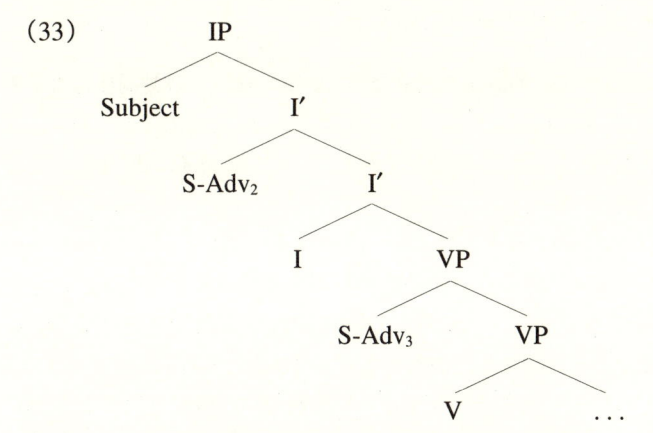

(33)
```
              IP
             /  \
        Subject  I'
                / \
            S-Adv₂  I'
                   / \
                  I   VP
                     /  \
                 S-Adv₃  VP
                        /  \
                       V    ...
```

(34) a. Joe's friends probably send letters to him.
b. *Joe's friends send probably letters to him.

(33) の構造で，I と V の間には S-Adv$_3$ が介在しているが，付加詞(修飾要素)は形態素融合の隣接条件で無視される(1.2.1 の (20) 参照)．たとえば，(34a) で，I の現在形形態素 PRES と動詞 send の間には probably が介在するが，無視されて，PRES と send が融合される．

このように，文副詞に対する助動詞と一般動詞の語順の相違は，助動詞が I へ繰り上げられるのに対し，一般動詞が VP 内にとどまることの帰結として説明される．助動詞が I へ繰り上げられる特性は，以下で見るさまざまな助動詞現象にもなんらかの形で関与する重要な特性である．I への繰り上げに関しては，Lasnik (2000) を参照．

1.2.3　文否定の Not と Do 支持

助動詞と一般動詞の範疇を区別するもう 1 つの根拠として，文否定 (sentence negation) の not との共起関係をあげることができる．

(35)　a. *John {not left / left not} for Tokyo.
　　　b. John did not leave for Tokyo.
(36)　John {will not / *not will} leave for Tokyo.
(37)　John {has not / *not has} left for Tokyo.
(38)　John {is not / *not is} walking.

(35a) が示すように，助動詞をともなわない文では，一般動詞は文否定の not と共起できず，(35b) のように形式助動詞 do を必要とし，not に後続して生ずる．一方，(36)–(38) が示すように，助動詞は do を必要とせず，not に先行する．

まず，否定文の統語構造を見よう．IP の構造に関して，これまで，I の補部となるのは助動詞あるいは動詞の句範疇であると考えてきた．ここで，I の補部となるのは，文が肯定 (affirmative) であるのか否定 (negative) であるのかを区別する機能範疇 Σ の句範疇 ΣP であると考えよう (*cf.* Laka 1990)．そして，助動詞句あるいは動詞句は，機能主要部 Σ の補部となる．

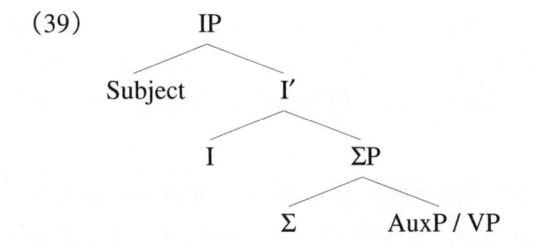

(39)   IP
        ╱   ╲
   Subject   I'
            ╱   ╲
           I   ΣP
              ╱   ╲
             Σ   AuxP / VP

機能範疇 Σ は，肯定文では [+Aff(irmative)]，否定文では [+Neg(ative)] の値をとる．以下，便宜上，Σ [+Aff] を Aff，Σ [+Neg] を Neg とし，それらの句範疇を AffP，NegP と呼ぶことにする．肯定文，否定文の構造は，それぞれ (40a, b) となる．否定文の not は，主要部 Neg が音声的に具現化されたものである．

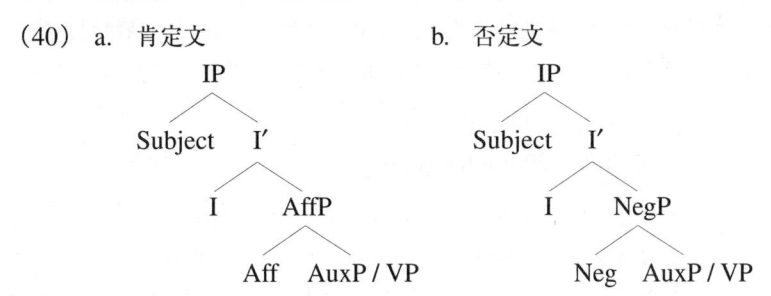

(40) a. 肯定文   b. 否定文
         IP   IP
       ╱   ╲   ╱   ╲
   Subject I'   Subject I'
           ╱ ╲   ╱   ╲
          I   AffP   I   NegP
             ╱   ╲   ╱   ╲
           Aff AuxP / VP   Neg AuxP / VP

まず，Neg の補部が VP の場合を見よう．

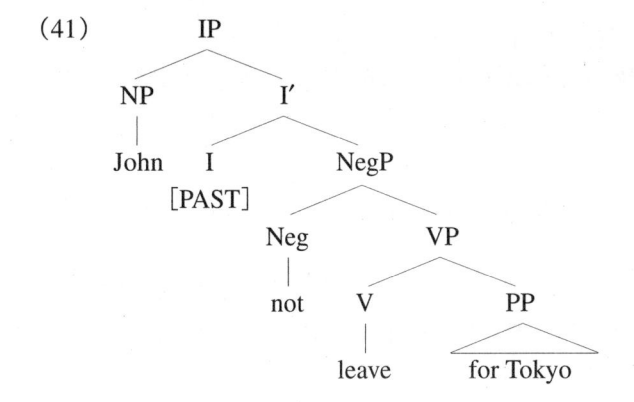

(41)   IP
        ╱   ╲
       NP   I'
       │   ╱ ╲
      John I   NegP
          [PAST] ╱ ╲
               Neg   VP
                │   ╱ ╲
               not V   PP
                    │   △
                  leave for Tokyo

Iの時制形態素 PAST は，動詞あるいは助動詞と融合しなければならない(1.2.1の(19))．(41)で，IとVの間には，音声内容をもつ Neg 主要部の not が介在するので，隣接条件(42)(=(20))により，Vと融合することはできない．

(42) 隣接条件: 時制・相の形態素 M を含む主要部 H と，M と融合される助動詞あるいは動詞の間に，音声内容をもつ要素 Z が介在してはならない．ただし，Z が付加詞（adjunct）である場合は無視される．

...[H...M]...Z...Aux/V...
       |_____×_____|

したがって，(43a) に見るように，一般動詞が not に後続して時制形態素と融合することもなく，また，(43b) に示すように，一般動詞が I へ繰り上げられて，not に先行して時制形態素と融合することもない．

(43) a. *John not left for Tokyo.
　　 b. *John left not for Tokyo.

このように，Neg 主要部の not が生起している場合，一般動詞は時制形態素と融合することができない．さらに，(41)の構造になんの操作も加えられないと，非文法的な文(44)が派生される．これは，接辞の一種である時制形態素が，(45)の制約に従うためである (*cf.* Lasnik 1981)．

(44) *John [PAST] not leave for Tokyo.
(45) 接辞の融合制約: 接辞は，音声内容をもつ要素と融合しなければならない．

時制形態素は動詞要素と融合しなければならない接辞であるので，音声内容をもつ動詞または助動詞と融合しない場合には，(45)の制約に違反する．

制約(45)を満たすために，英語では，Iに形式助動詞 do が付加される．この操作を「do 支持」(*do*-support) と呼ぶ．たとえば，上記(41)に do 支持が適用されると，(46a) が派生される．

(46)　a.

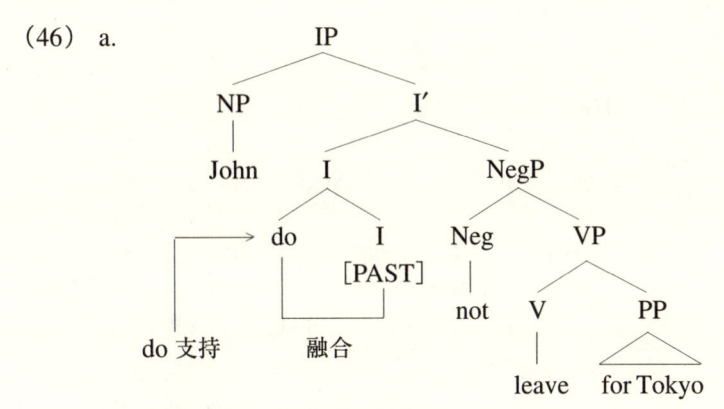

```
              IP
            /    \
          NP      I'
          |     /    \
        John   I      NegP
              / \    /    \
            do   I  Neg    VP
               [PAST] |   /   \
                    not  V    PP
                         |    △
                       leave for Tokyo
```

　　　do 支持　　融合

b.　John did not leave for Tokyo.

(46) では，I に付加された do と過去形形態素 PAST が融合し，過去形 did として具現化される ((46b))．

　do 支持は，(46) のように，それを適用しないと文法的な文が得られない場合にのみ用いられる，最後の手段 (last resort) であり，不必要な場合に適用されることはない．

　次に，Neg の補部が助動詞句 AuxP である場合を見よう．たとえば，次の例 (47) では，法助動詞 will が Neg に後続している．will は助動詞であるので，I に繰り上げられる．その結果，(48a) が派生される．

(47)
```
              IP
            /    \
          NP      I'
          |     /    \
        John   I      NegP
             [PRES]  /    \
                   Neg    ModP
                    |    /    \
                   not  Mod    VP
                         |     △
                        will  leave for Tokyo
```

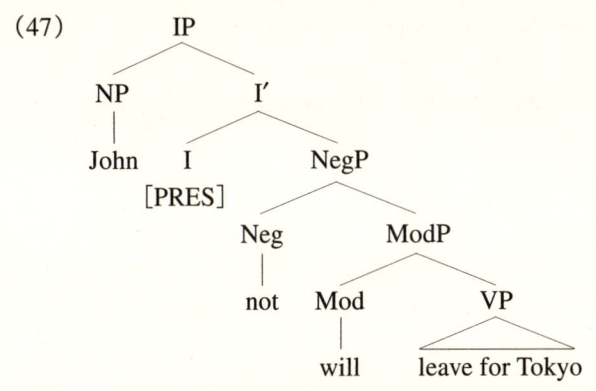

(48)　a.　John will not leave for Tokyo.

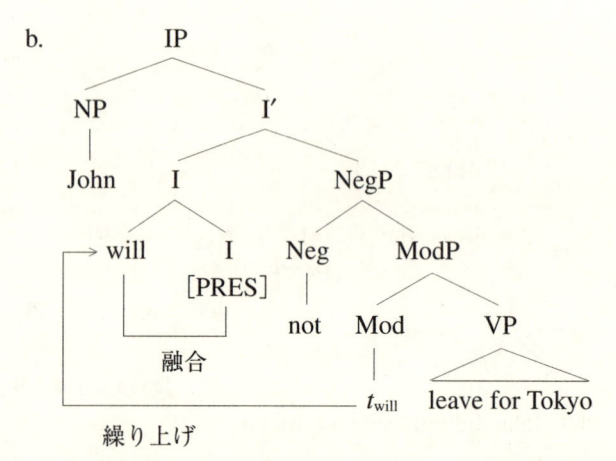

b.
```
                IP
              /    \
           NP       I'
           |       /  \
          John    I    NegP
                 / \   /   \
              will  I  Neg  ModP
                [PRES]  |   /   \
                       not Mod   VP
                            |    /\
                          t_will leave for Tokyo
```
（will ← I の融合、Mod → I への繰り上げ）

このようにして，will がつねに not の前に生ずることが説明される．この場合，I の時制形態素は will と融合するので，do 支持を適用する必要はない．

(49) *John {will do not / do will not / do not will} leave for Tokyo.

同様に，助動詞 have あるいは be も I へ繰り上げられるので，not の前に生起する．また，時制形態素は，繰り上げられた助動詞 have あるいは be と融合するので，do 支持は適用されない．

(50) a. John {has not / *not has} left for Tokyo.
     b. John {is not / *not is} walking.
(51) a. *John does {has not / have not / not has / not have} left for Tokyo.
     b. *John does {is not / be not / not is / not be} walking.

ただし，否定文であっても，Neg 主要部が音声的に具現化されない場合は，助動詞を含まない場合でも do 支持の必要はない．たとえば (52a) では，NegP の主要部に not が生起しておらず，Neg が音声的に具現化されていない．

(52) a. Joe's friends {never send / *send never} letters to him.

b. [IP Joe's friend I [PRES] [NegP Neg [VP never [VP send letters to him]]]]
　　　　　　　　　　　　　　　　　融合

否定の副詞 never は，音声内容をもつ要素であるが，付加詞であるので，時制形態素と融合対象の隣接性を妨げない（⇒ (42)）．したがって，send と時制形態素の融合を妨げる要素が存在しないので，do を挿入する必要がない．

逆に，肯定文であっても，Aff 主要部が音声内容をもつと，一般動詞の場合，do が挿入される．

(53) a. I went to the post office.
　　　b. I DID go to the post office. （DID は強勢の存在を表す）

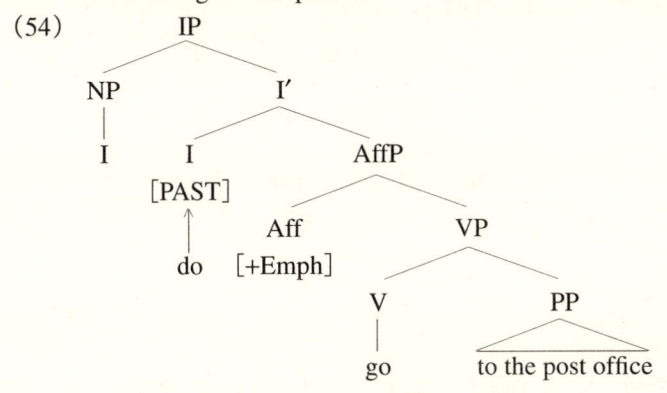

(54)
```
           IP
          /  \
        NP    I'
        |    /  \
        I   I    AffP
        |   |    /   \
            [PAST] Aff   VP
             ↑   [+Emph] / \
             do         V   PP
                        |   |
                        go  to the post office
```

(53a) では，AffP の主要部 Aff が音声内容をもたず，時制形態素と go の融合を妨げないので，do は挿入されない．一方 (53b) では，Aff に肯定を強調する素性 [+Emph(asis)] が存在し，この素性は音声内容をもち，強勢として具現化される．このため，時制形態素と go の融合が妨げられるので，(54) のように，do が挿入される．[+Emph] は do の強勢として音声的に具現化される．

なお，not は文否定の NegP の主要部として生起する場合に加えて，助動詞句や動詞句に付加される場合もある．この場合，not は文全体を否定するのではなく，付加された要素のみを否定するので，文全体は肯定文と

なる(このような否定を構成素否定(constituent negation)と呼ぶ). たとえば, (55a)では, not は VP に付加されて VP の内容のみを否定する. この not は付加詞であるので, 音声内容をもつけれども, -en と see の融合を妨げることはない.

(55) a. Charley would have not seen the money.
b.

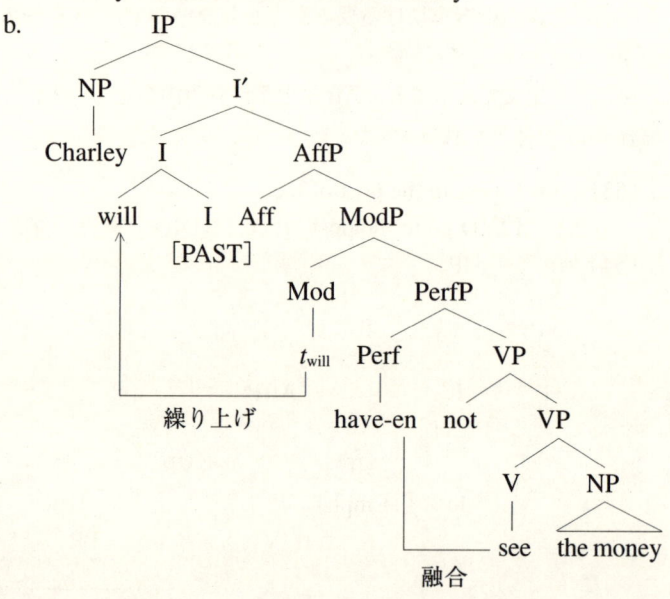

```
                    IP
                   /  \
                 NP    I'
                 |    /  \
              Charley I   AffP
                     /\   /  \
                  will I Aff  ModP
                       [PAST] /  \
                            Mod   PerfP
                             |    /  \
                           t_will Perf  VP
                                   |   /  \
                                have-en not  VP
                                            /  \
                                           V    NP
                                           |    |
                                          see the money
```
繰り上げ　　融合

Neg 主要部としての not と付加詞としての not には, 縮約形 n't が許されるか否かでも違いが見られる. すなわち, 縮約形が許されるのは Neg 主要部としての not だけであり, 付加詞としての not には縮約形が許されない.

(56) a. Charley would*n't* have seen the money.
b. *Charley would have*n't* seen the money.

この相違は, 主要部付加に対する制約の帰結として説明される.

(57) 主要部付加の制約: 主要部 X に付加することができるのは, 主要部 Y に限られる.

この制約により，文否定の NegP の主要部としての not を主要部 I に付加することは許されるが，VP あるいは AuxP の付加詞としての not を I に付加することは，許されない．not は，I に付加された場合にのみ縮約されて n't となるので，VP あるいは AuxP の付加詞の not が n't に縮約されることはない．

このように，否定文で助動詞が not に先行するのは，助動詞が I へ繰り上げられるためであり，助動詞が存在しない否定文で do 支持が必要であるのは，一般動詞が I へ繰り上げられないので，時制形態素と一般動詞の融合が介在する not によって妨げられるためである．

1.2.4　主語・助動詞倒置

助動詞と一般動詞は，主語・助動詞倒置 (subject-auxiliary inversion: SAI) においても，異なる振る舞いを示す．SAI とは，(58)，(59) に見るように，主語と助動詞の位置が入れ替わり，助動詞が文頭に生ずる現象である．これに対して，(60) に示されるように，一般動詞と主語との間には倒置現象は見られず，形式助動詞の do が主語に先行する．

(58) a. Will John fix the car?
　　　b. Has John fixed the car?
　　　c. Is John fixing the car?
(59) a. What will John fix?
　　　b. What has John fixed?
　　　c. What is John fixing?
(60) a. *Fixed John the car?
　　　b. Did John fix the car?

SAI は，次のような現象として捉えることができる．まず，疑問節の補文標識 C は，疑問節であることを示す素性 [+Q] を含む．さらに，主節の C [+Q] は，次の特性をもつとしよう．

(61) 主節の C [+Q] の特性: 主節の C [+Q] は，IP の主要部 I を引きつける．

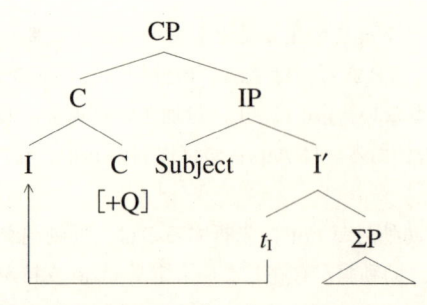

```
              CP
             /  \
            C    IP
           / \   / \
          I   C Subject I'
          ↑  [+Q]      / \
          |          t_I  ΣP
          |_____|
```

この特性により，I は C [+Q] へ繰り上げられる(I-to-C 移動 (I-to-C movement) と呼ばれる)．この特性は，文が平叙文ではなく疑問文であることを，目に見える形で示す役割をもっている．

まず，yes-no 疑問文を見よう．助動詞が存在する場合には，(62a) のように，助動詞が I へ繰り上げられて付加される．さらに，I が C へ移動するさいに，(62b) のように，I に付加されている助動詞もともに C へ繰り上げられる．

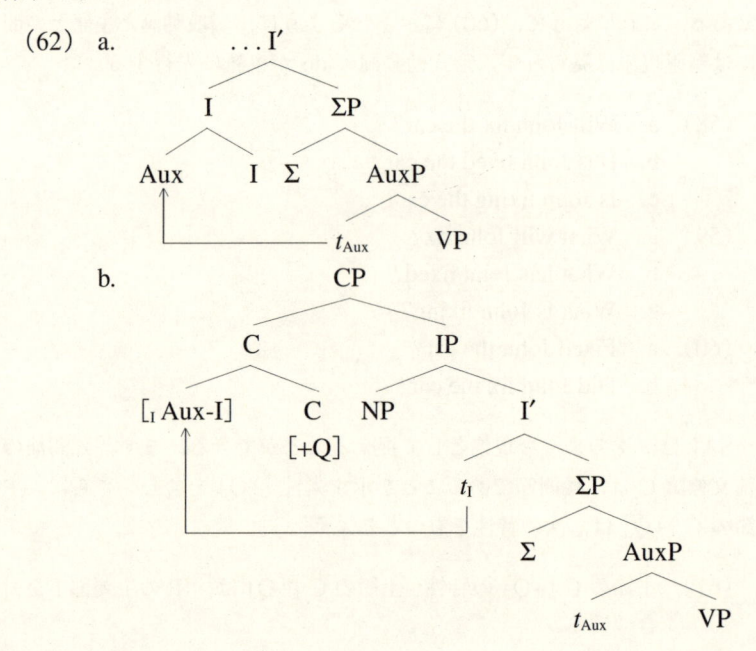

(62) a.
```
              ... I'
              /    \
             I      ΣP
            / \    /  \
          Aux  I  Σ   AuxP
           ↑         /   \
           |       t_Aux  VP
           |_____|
```

b.
```
                    CP
                   /  \
                  C    IP
                 / \   / \
        [_I Aux-I] C  NP  I'
          ↑      [+Q]    / \
          |            t_I  ΣP
          |                /  \
          |               Σ   AuxP
          |                   /  \
          |_____t_Aux VP
```

具体例を見よう.

(63)　a.　Will John fix the car?
　　　 b.　[$_{CP}$ C [+Q] [$_{IP}$ John [$_I$ will-I] [$_{ModP}$ t_{will} [$_{VP}$ fix the car]]]]
　　　 c.　[$_{CP}$ [$_C$ [$_I$ will-I] C [+Q]] [$_{IP}$ John t_I [$_{ModP}$ t_{will} [$_{VP}$ fix the car]]]]

(63b)で，法助動詞 will が，I に繰り上げられて付加されている．文頭の C [+Q] が I を引きつけるので，I に付加されている will も移動し，(63c)が派生される．このように，I が C に繰り上げられるのにともなって，I に付加された助動詞も C へ移動するため，助動詞が主語に先行する語順が派生される．

次に，助動詞を含まない場合を見よう．(64)に示されるように，一般動詞は I に繰り上げられないので，I が単独で C [+Q] に繰り上げられる．

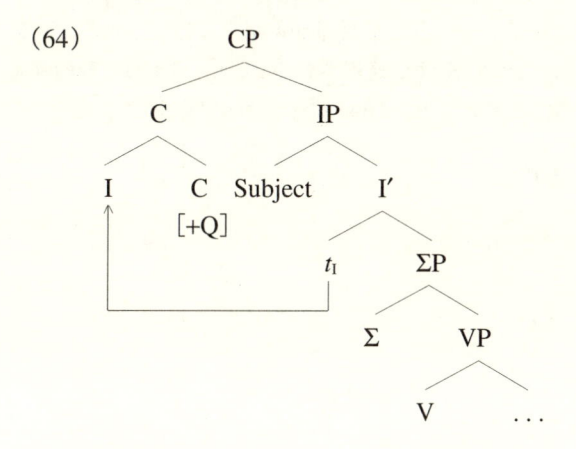

(64)

```
              CP
            /    \
           C      IP
          / \    /  \
         I   C  Subject I′
             [+Q]      /  \
              t_I    ΣP
                    /  \
                   Σ    VP
                        |
                        V  ...
```

この派生構造で，C に付加された I と一般動詞 V の間の要素を見ると，補文標識 C[+Q]，I の痕跡 t_I，および ΣP の主要部 Σ は，音声内容をもたない．しかし，I と V の間に介在する主語が音声内容をもつので，隣接条件により，I の時制形態素と V との融合が阻止される．このため，最後の手段として，助動詞の do が挿入され，その結果，do が主語に先行

する語順が派生される．

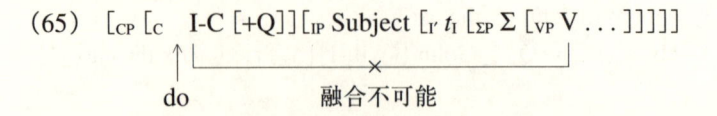

(65)　[$_{CP}$ [$_C$　I-C [+Q]] [$_{IP}$ Subject [$_{I'}$ t_I [$_{ΣP}$ Σ [$_{VP}$ V . . .]]]]]
　　　　　　↑_____×_____
　　　　　do　　　　　融合不可能

この派生の具体例が (66) である．

(66)　a.　Did John fix the car?
　　　b.　[$_{CP}$ [$_C$　I C [+Q]] [$_{IP}$ John t_I [$_{VP}$ fix the car]]]
　　　　　　　↑_____↑
　　　　　　do

(66b) では，I が C へ繰り上げられている．繰り上げられた I と fix の間には主語 John が介在しているので，I の過去形形態素と fix の融合が阻止される．そのため，do が挿入され，助動詞 did が主語の前に生起する．

次に，否定疑問文を見よう．否定主要部 not が I に付加されると，縮約されて n't となる．ここで SAI が適用されると，n't は I および助動詞とともに移動される．これにより，(69) に示す対比が説明される．

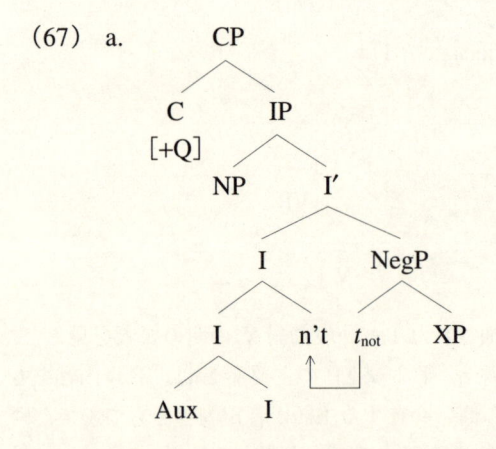

(67)　a.
```
            CP
           /  \
          C    IP
         [+Q] /  \
             NP   I'
                 /  \
                I    NegP
               / \   /  \
              I  n't t_not  XP
             / \  ↑__|
            Aux  I
```

b.

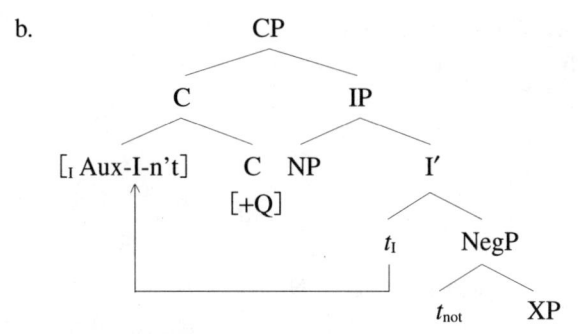

```
            CP
           /  \
          C    IP
         / \   / \
    [I Aux-I-n't] C  NP  I'
              [+Q]     / \
                     t_I  NegP
                          / \
                        t_not XP
```

(68) a. Won't he smoke?
　　 b. Hasn't he smoked?
　　 c. Isn't he smoking?
　　 d. Doesn't he smoke?

(69) a. Couldn't she find it? / *Could she n't find it?
　　 b. Doesn't she smoke? / *Does she n't smoke?

これに対して，not が Neg 主要部にとどまり，I に付加されていない場合，SAI にともなって主語の前に移動することはない.

(70) [_CP C[+Q] [_IP NP[_I Aux I] [_NegP not[_XP . . .]]]]

(71) a. Will she not survive? / *Will not she survive?
　　 b. Does she not smoke? / *Does not she smoke?

このように，yes-no 疑問文の主語・助動詞倒置現象に関する助動詞と一般動詞の相違は，I への繰り上げに関する助動詞と一般動詞の相違に基づいて説明される.

　wh 疑問文の主語・助動詞倒置も，yes-no 疑問文と同様に分析される. wh 疑問文では，補文標識 C が，[+Q] に加えて [+WH] を含むと考えられている. [+WH] は，疑問文が wh 疑問文であることを示す素性で，CP 指定部要素に wh 句を要求するので，CP 指定部への疑問詞の移動を引き起こす. したがって，wh 疑問文では，C 主要部への I 移動と CP 指定部への wh 移動の両方が適用される.

(72) a. What will you buy?
b.
```
                    CP
                   /  \
              what    C'
                     /  \
                    C    IP
                   /|   /  \
           [will-I] C  NP   I'
                  [+Q] |   /  \
              [+WH] you t_I  AffP
                            /  \
                          Aff   ModP
                               /    \
                            t_will   VP
                                    /  \
                                  buy  t_what
```

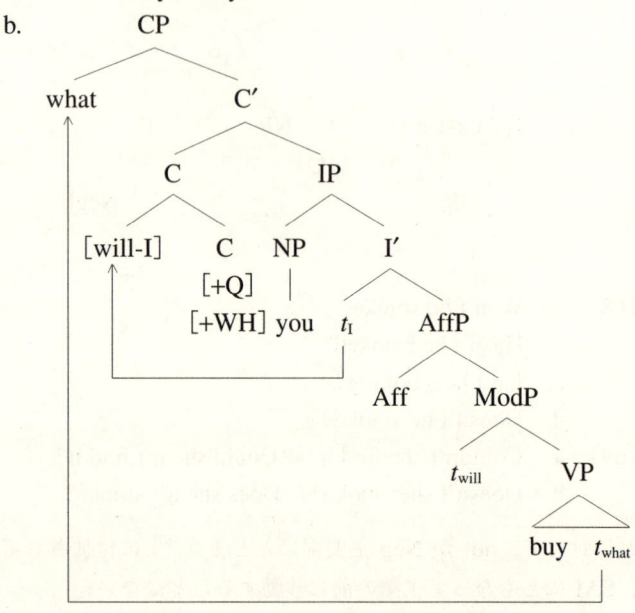

助動詞が存在しない場合，yes-no 疑問文と同様に，do 支持が適用される．

(73) a. What did you buy?
b. *What you bought?

しかし，wh 疑問文では，wh 句が主節の主語の場合，do 支持が適用されない．

(74) a. Who helped you?
b. *Who did help you?

(74a) で do 支持が適用されないのは，次のように説明される．(74a) で I-to-C 移動が生ずると，(75) の構造になる．ここで，移動された I の時制形態素 PAST と一般動詞の間に，音声内容をもつ要素が介在していないので，I と V は隣接関係にあり，融合可能である．したがって，do 支持の必要はない．

(75) [CP Who [C I C [[+Q], [+WH]]] [IP t_who t_I ... [VP help you]]]
       └──────────── 融合 ────────────┘

最後に間接疑問文を見ると，間接疑問文では主語・助動詞倒置は生じない．

(76) a. I wonder [CP which book [IP you will buy]].
     b. *I wonder [CP which book will [IP you buy]].
(77) a. I wonder [CP whether [IP you will buy the book]].
     b. *I wonder [CP {will whether / whether will / will} [IP you buy the book]].

間接疑問文に SAI が生じないのは，間接疑問文の C [+Q] が，主節の C [+Q] と異なり，I を引きつける特性をもたないことによる．これは，間接疑問文では，wonder などの主節動詞が補部として疑問節を選択する特性をもつので，補文が疑問節であることは主節動詞の選択特性によって示され，I-to-C 移動によって疑問節であることを示す必要がないためである．

以上のように，主節の疑問文における主語・助動詞倒置現象も，助動詞が I への繰り上げを受けることの帰結である．

1.2.5 動詞句前置

英語には，VP を文頭に移動する現象があり，VP 前置（VP-preposing）（あるいは VP 話題化（VP-topicalization））と呼ばれている．

(78) Bill said he'd buy lunch and [VP buy lunch] he {did / may / will} t_VP.

この構文は，先行する文脈に現れている VP と同一の VP を，話題として文頭に置き，VP が表す内容が実現したことを確認したり，実現性の度合いを述べる構文である．

この操作を受けることができるのは，一般動詞を主要部とする VP のみであり，助動詞を含む句を前置することはできない．

(79) They swore that John might have been taking heroin, and
    a. [$_{VP}$ taking heroin] he might have been t_{VP}.
    b. *[$_{ProgP}$ been [$_{VP}$ taking heroin]] he might have t_{ProgP}.
    c. *[$_{PerfP}$ have [$_{ProgP}$ been [$_{VP}$ taking heroin]]] he might t_{PerfP}.

VPが前置されると，動詞とIの間に主語が介在することになるので，動詞とIは隣接しなくなる．したがって，助動詞が存在しない場合，do支持を適用する必要がある．たとえば，(81)では，VP前置の結果，動詞 leave と時制形態素 PAST の間に主語 he が介在し，leave と PAST の融合が不可能となるので，(80b)のように do 支持を適用しなければならない．

(80) Bill said he'd leave, and
    a. *[$_{VP}$ left / leave] he t_{VP}.
    b. [$_{VP}$ leave] he did t_{VP}.

(81) [$_{VP}$ leave] [$_{IP}$ he I   [$_{AffP}$ t_{VP}]]
          └──×──┘ ↑
            融合不可　do

このように，VP前置におけるdo支持も，他のdo支持と同様に説明される．

1.2.6　動詞句省略

動詞句省略（VP ellipsis）（あるいは動詞句削除（VP deletion））とは，動詞句の繰り返しを避けるため，動詞句を省略する現象である．(83a, b)が示すように，動詞句に加えて，助動詞句もこの省略現象を示す．（斜体は先行詞となる動詞句・助動詞句を示し，字消し線は省略を示す．）

(82) a. John didn't *leave* but Mary should [$_{VP}$ ~~leave~~].
    b. John is *leaving* and Bill {is [$_{VP}$ ~~leaving~~] / has [$_{VP}$ ~~left~~]}.

(83) John could *have been studying Spanish* and
    a. Bill could [$_{PerfP}$ ~~have been studying Spanish~~], too.
    b. Bill could have [$_{ProgP}$ ~~been studying Spanish~~], too.
    c. Bill could have been [$_{VP}$ ~~studying Spanish~~], too.

動詞句省略は，次の制約に従う．

(84) I に音声内容をもつ助動詞が付加されている場合にのみ，その節の動詞句あるいは助動詞句の省略が可能である．

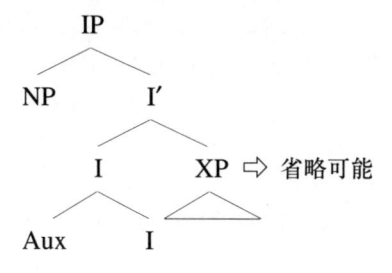

```
           IP
          /  \
        NP    I'
             /  \
            I    XP  ⇨ 省略可能
           / \
         Aux  I
```

(84) の制約により，I に付加されている助動詞は省略することができない．

(85) a. John didn't leave but Mary {should / *should} [_VP leave].
　　 b. Pete isn't signing the petition even though most of his friends {are / *are} [_VP signing the petition]. (Lobeck 1995, 48)

また，I に繰り上げられる助動詞がない場合には，do 支持が必要となる．

(86) John didn't leave but Mary {did / *did} [_VP leave].

このように，助動詞に後続する動詞句あるいは助動詞句を削除することはできるが，一般動詞に後続する要素を省略することはできない．

(87) a. *Fire began pouring out of the building, and then smoke began [_VP pouring out of the building]. (Lobeck 1995, 53)
　　 b. *John seems fond of ice cream, and Bill seems [_AP fond of ice cream], too.　　　　　　　(Baker 1995, 520)
　　 c. *Barbara once thought that George would soon become the richest man in Texas, but now it's doubtful that he will ever become [_NP the richest man in Texas].　　　(*ibid.*)

(87a) では，一般動詞に動詞句が後続しているが，この動詞句を削除することはできない．(87b, c) では，動詞に述語となる形容詞句や名詞句が

後続しており，これらの述語句の削除も不可能である．これに対して，Cop(ular)P の主要部となる繋辞の be (⇒ 1.3) は，助動詞の一種であるので，I へ繰り上げられる．したがって，繋辞の be に後続する述語の削除が可能になる．

(88) a. John appears to be fond of ice cream, but I'm not sure that he really is [AP fond of ice cream].　(Baker 1995, 519)
　　　b. [IP he really [I be I] [AffP [CopP t_{be} [AP fond of ice cream]]]]

このように，後続する要素の削除可能性についても，動詞句と一般動詞は対照的な振る舞いを示す．

1.2.7　付加疑問文

次に付加疑問文 (tag question) を見よう．付加疑問文とは，下記の例の斜体の部分に見るように，先行する平叙文に付加された縮約疑問文をさす．

(89) a. Martha will graduate in May, *won't she?*
　　　b. George has spent a lot of money, *hasn't he?*
　　　c. John's coming, *isn't he?*
　　　d. Bill left, *didn't he?*
(90) a. Martha won't graduate in May, *will she?*
　　　b. George hasn't spent much money, *has he?*
　　　c. John isn't coming, *is he?*
　　　d. Bill didn't left, *did he?*

この構文の特徴は，次のようにまとめられる．

(91)　付加疑問文の特徴
　　　a. 先行する平叙文の主語に対応する代名詞が，文末にくる．
　　　b. 代名詞の前に，先行する平叙文の先頭の助動詞と同一の助動詞，あるいは平叙文が助動詞を含まない場合は助動詞 do が生ずる．

c. 先行平叙文が肯定文なら，付加疑問文の助動詞は否定形に，先行平叙文が否定文なら，付加疑問文の助動詞は肯定形になる．

　今，(91a) と (91b) を見ると，付加疑問文は，下記の例と同様に，縮約された yes-no 疑問文と考えることができる．

　(92)　John is going to the party. Are you? (= Are you going to the party?)　　　　　　　　　　　　　　(Napoli 1993, 70)

(92) の疑問文は，付加疑問文とは異なり，独立した yes-no 疑問文であり，主語・助動詞倒置に加えて，動詞句省略が適用されている．

　(93)　[$_{CP}$ [$_C$ [$_I$ be I] C] [$_{IP}$ you t_I [$_{ProgP}$ t_{be} [$_{VP}$ going to the party]]]]

これと同様に，付加疑問文は，短縮 yes-no 疑問文が平叙文の文末に付加されたものと考えることができる．たとえば，(89c) の構造は次のようになる．

　(94)　[$_{IP}$ John [$_I$ [$_I$ be I] n't] [$_{NegP}$ $t_{n't}$ [$_{ProgP}$ t_{be} [$_{VP}$ coming]]]] +
　　　　[$_{CP}$ [$_C$ [$_I$ be I] C] [$_{IP}$ he t_I [$_{AffP}$ Aff [$_{ProgP}$ t_{be} [$_{VP}$ coming]]]]]

一般動詞を用いた付加疑問文が存在しないのは，一般動詞が，助動詞と異なり，I-to-C 移動を適用されず，動詞句削除も許さないことの帰結として説明される．

　(95)　a. *John lives in New York, {not lives he / lives he not}?
　　　　b. *John doesn't live in New York, lives he?

1.3　Be 動詞について

　ここまで，be 動詞については，進行相の助動詞 be を中心に見てきたが，以下に示すように，受動態の be (各(b)文) と繋辞の be (各(c)文) も助動詞としての特徴を示す．

　(96)　I への繰り上げ
　　　　a. George is probably finishing his carrots.

b. George was probably ruined by the tornado.

(Jackendoff 1972, 75)

c. The children are probably eager to go to bed.

(Baker 1995, 352)

(97) 縮約否定辞 n't との結合
 a. John isn't reading the book.
 b. Bill wasn't loved by Mary.
 c. Bill isn't good at speaking French.

(98) 主語・助動詞倒置
 a. Is he reading the book?
 d. Was he loved by Mary?
 c. Is he good at speaking French?

(99) 動詞句(述語句)削除
 a. John is leaving and Bill is [$_{VP}$ ~~leaving~~], too.
 b. John was loved by Mary, but Bill was not [$_{VP}$ ~~loved by Mary~~].
 c. John is fond of ice cream, but Bill is not [$_{AP}$ ~~fond of ice cream~~].

(100) 付加疑問文
 a. John is coming, isn't he?
 b. John is loved by Mary, isn't he?
 c. This cake is very delicious, isn't it?

このように，進行相の be, 受動態の be, 繋辞の be は，すべて助動詞としての特性を示し，時制による形態変化も同一である (am, are, is; was, were) という共通性をもつ．共通性をもつことは，これらの be 動詞の範疇指定に，共通部分 [−N, +V, +Aux, +Cop] を与えることによって捉えることができる．

(101) a. 繋辞 BE: [−N, +V, +Aux, +Cop]
   b. 進行相 BE: [−N, +V, +Aux, +Cop, +Prog]
   c. 受動態 BE: [−N, +V, +Aux, +Cop, +Pass]

次に，これらの be 動詞の生ずる構造を見よう．受動態の be, 繋辞の be は，進行相の be が ProgP の主要部であるのと同様に，それぞれ PassP,

CopPの主要部となる．

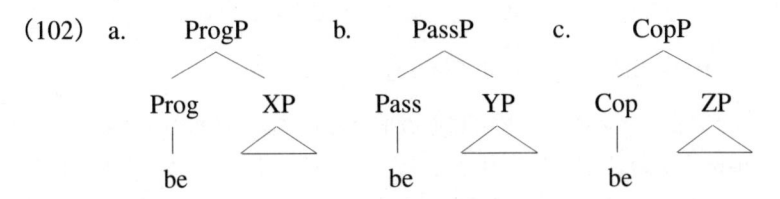

(102) a. ProgP　　b. PassP　　c. CopP

　　　　Prog　XP　　Pass　YP　　Cop　ZP
　　　　 ｜　　　　　 ｜　　　　　 ｜
　　　　 be　　　　　 be　　　　　 be

それぞれの補部XP，YP，ZPにどのような要素が生ずるのかを見ると，まず，進行相のbeの補部となるXPは，(103)に示されるように，現在分詞を主要部とする句である．受動態のbeの補部となるYPは，(104)のように受動分詞を主要部とするVPである(受動態については5章を参照)．繋辞のbeの補部となるZPは，(105)に見られるようにNP, AP, PPである．

(103)　a.　John is [$_{VP}$ reading the book].
　　　　b.　Paul was [$_{PassP}$ being tormented].
　　　　c.　The children are [$_{CopP}$ being very quiet].
(104)　John is [$_{VP}$ loved by Mary].
(105)　a.　John is [$_{NP}$ a student].
　　　　b.　John is [$_{AP}$ fond of ice cream].
　　　　c.　The dog is [$_{PP}$ in the garden].

このように，それぞれの補部XP, YP, ZPには共通性がないように見える．しかし，現在分詞句，受動分詞句，名詞句，形容詞句，前置詞句は，小節 (small clause: SC) を形成する範疇としての共通性をもつ．小節とは，次の斜体の部分のように，be動詞を欠いているが，主語と述部を含み，節が表す意味に相当する内容を表す表現をさす(⇒ 6.2)．

(106)　John believes [$_{SC}$ *Mary proud of herself*]. (= John believes that Mary is proud of herself.)

3種類のbe動詞は，一般特性として，(107)のように小節を補部にもつと分析することができる．そして，進行相のbeは現在分詞小節を，受動

態の be は受動分詞小節を，繋辞の be はそれ以外の小節を補部とするように，分業化されていると考えることができる．

(107)　BE: [+__ Small Clause]

このように考えることの利点の1つとして，3種類の be 動詞構文と there 構文の対応関係について，統一的分析が可能になることをあげることができる．たとえば，(108)–(110) の (a) の文は，それぞれ，進行形，受動態，繋辞構文であるが，(108)–(110) の (b) に示すように，それぞれに対応する there 構文が存在する．

(108)　a.　Someone is knocking at the door.
　　　　b.　There is [$_{SC}$ someone knocking at the door].
(109)　a.　A purse was found at the library.
　　　　b.　There was [$_{SC}$ a purse found at the library].
(110)　a.　Firemen are available.
　　　　b.　There are [$_{SC}$ firemen available].

be 動詞が小節を補部とするなら，(108)–(110) の (a) と (b) の文は，それぞれの共通の基底構造として，(111) の (a), (b), (c) の構造をもつと考えることができる．

(111)　a.　[$_{IP}$ __ I [$_{ProgP}$ be [$_{SC = VP}$ someone knocking at the door]]]
　　　　　　　　　　　　　　　　　　　　　　　　　(⇨ (108a, b))
　　　　b.　[$_{IP}$ __ I [$_{PassP}$ be [$_{SC = VP}$ a purse found at the library]]]
　　　　　　　　　　　　　　　　　　　　　　　　　(⇨ (109a, b))
　　　　c.　[$_{IP}$ __ I [$_{CopP}$ be [$_{SC = AP}$ firemen available]]]
　　　　　　　　　　　　　　　　　　　　　　　　　(⇨ (110a, b))

IP は，その指定部に主語を必要とする．(112a) のように，それぞれの小節の主語を IP の指定部に繰り上げると，(108)–(110) の (a) の文が派生される．これに対して，(112b) のように，小節の主語を繰り上げず，IP の指定部に形式主語(虚辞 (expletive))の there を挿入すると，(108)–(110) の (b) の there 構文が派生される．

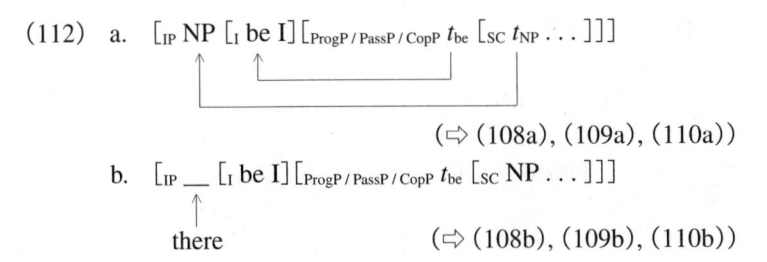

(112)　a.　[$_{IP}$ NP [$_I$ be I] [$_{ProgP/PassP/CopP}$ t_{be} [$_{SC}$ t_{NP} ...]]]

(⇨ (108a), (109a), (110a))

　　　b.　[$_{IP}$ __ [$_I$ be I] [$_{ProgP/PassP/CopP}$ t_{be} [$_{SC}$ NP ...]]]

　　　　　there　　　　　　　　　(⇨ (108b), (109b), (110b))

このように，be 動詞が小節を補部とすると考えると，there 構文とそれぞれに対応する進行形，受動態，繋辞構文との関係を統一的に捉えることが可能となる．このような考え方を追求すると，進行相，受動態，繋辞の be を区別せず，be 動詞構文の統一的分析が得られる可能性がある．なお，be 動詞構文には，このほかに (113) のような同定 (identificational) 文がある．

(113)　a.　The morning star is the evening star.
　　　b.　The problem is that John knows nothing about the project.

同定文では，be 動詞の主語 A と補部 B が，A＝B の関係にあることが述べられている．同定文と他の be 動詞構文との統一的分析が可能かどうかは，今後の課題である．

1.4　まとめ: 機能範疇の階層

ここまで見てきた定形節の構造にかかわる機能範疇をまとめよう．この章で概観した機能範疇がすべて生起すると，(114) に示す階層構造に従って配列される．(114a) は一般動詞が生ずる場合であり，(114b) は一般動詞にかわって繋辞の be が生ずる場合である．

(114) a.
```
          CP
         /  \
        C    IP
            /  \
       Subject  I'
              /  \
             I    ΣP
        [AGR, Tense]
                 /  \
                Σ    ModP
          [+Aff / +Neg]
                    /  \
                  Mod   PerfP
                   |   /   \
                 modal Perf  ProgP
                        |   /   \
                       have Prog  PassP
                             |   /   \
                            be  Pass  VP
                                 |    △
                                be   V ...
```

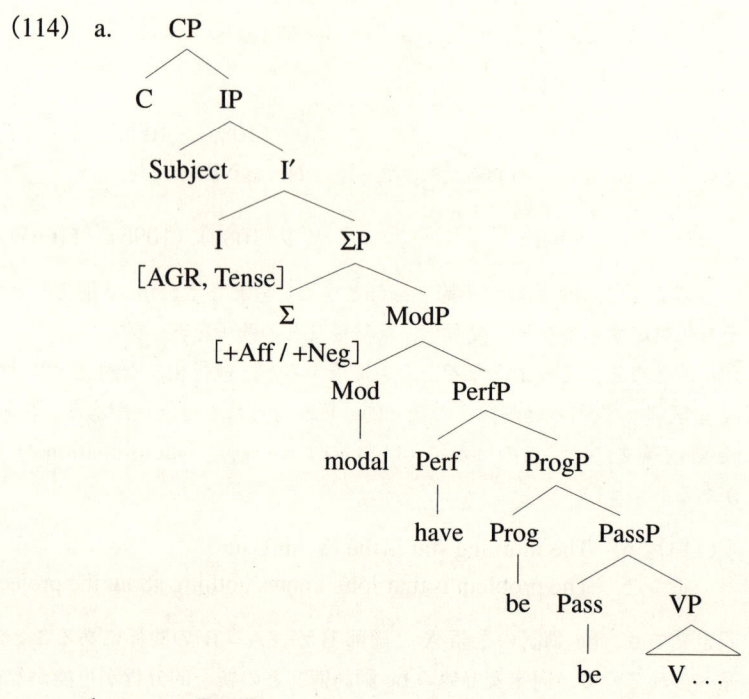

b.
```
        ... ProgP
           /    \
         Prog    CopP
          |     /    \
          be   Cop    XP (= NP, AP, PP, CP)
                |      △
                be
```

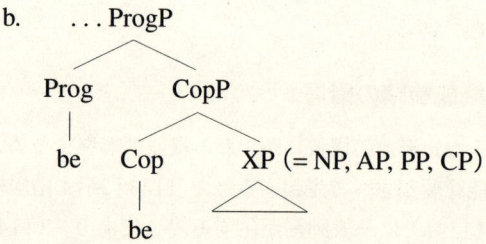

このような階層を，どのようにして決定するかが問題となる．ここでは，各機能主要部の選択特性に基づいて決定されると考えよう．

(115) a. C: [__ IP]
　　　b. I: [__ ΣP]
　　　c. Σ: [__ {ModP / PerfP}]
　　　d. Mod: [__ PerfP]

  e. Perf: [__ {VP / XP [+Cop]}]
      (XP [+Cop] = ProgP, PassP, CopP)
  f. Prog: [__ {VP / XP [+Cop, −Prog]}]
      (XP [+Cop, −Prog] = PassP, CopP)
  g. Pass: [__ VP]
  h. Cop: [__ {NP / AP / PP / CP}]

　たとえば，(115a) により，IP が C の補部として選択される．同様に，(115b) により，ΣP が I の補部となり，(115c) により ModP あるは PerfP が Σ の補部となる．このように，機能範疇間の選択関係により，(114) に示す階層関係が決定される．

　なお，機能範疇の階層の決定については，普遍的な統語的階層に基づいて決定する可能性 (*cf.* Cinque 1999)，意味に基づいて決定する可能性，形態的選択関係に基づいて決定する可能性が考えられるが，いずれの分析がもっとも妥当かは，今後の課題である．

第2章　時　　　制

2.1　英語の時制と時制解釈

　時 (time) にかかわるさまざまな言語表現があるが，動詞の接辞として具現化され，時間に関する特定の概念を表す文法形式を，時制 (tense) と呼ぶ．ここでは，英語の時制の統語特性と解釈について見よう．

2.1.1　時制と文構造

　第1章で見たように，英語の時制には，現在時制と過去時制があり，現在時制は動詞の現在形として，過去時制は動詞の過去形として具現化される．たとえば，(1a) では現在形の walks が，(1b) では過去形の walked が生じている．

　(1)　a.　John walks in the park (*yesterday).
　　　 b.　John walked in the park (yesterday / *now).

　時制は，IPの主要部 I がもつ時制素性 [Tense] が，現在時制 [Pres(ent)] あるいは過去時制 [Past] のいずれの値をとるかにより決定される．

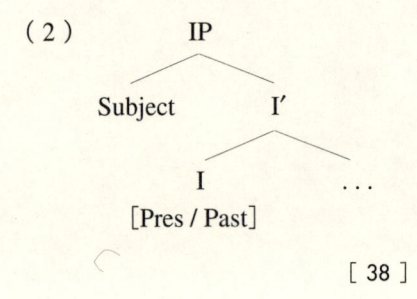

　(2)　　　　　　　IP
　　　　　　　／＼
　　　　Subject　　I′
　　　　　　　　／＼
　　　　　　　I　　　 …
　　　　　[Pres / Past]

主節の IP の主要部 I は, 時制素性を含むので, 時制の区別がつねに標示される. しかし節のなかには, 現在時制・過去時制の区別がなされないものもある. 時制の区別が標示されない節を非定形 (non-finite) 節と呼び, 時制が標示される定形 (finite) 節と区別する. 非定形節の代表例は, 不定詞節である. 不定詞節の I は, to として具現化され, 時制素性 [Pres] または [Past] の値は指定されない (⇒ 2.3.1).

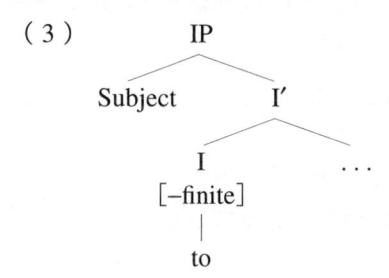

(3)
```
         IP
        /  \
   Subject  I′
           /  \
          I   ...
       [–finite]
          |
          to
```

このように, 時制の統語的な分布特性は, 時制が文の主要部 I を構成する要素であることと, 時制の内在特性によって説明される.

2.1.2　時の意味解釈

時制素性 [Pres] と [Past] にかかわる「時」の意味解釈 (temporal interpretation) については, 次のような問題に答えなければならない. 第一に, 時の意味解釈は, 以下のような時制と, 完了形, 進行形, および未来法助動詞 will の主要な組み合わせに対する解釈を与えなければならない.

(4) a. 現在：　　John walks in the garden.
　　b. 過去：　　John walked in the garden.
　　c. 未来：　　John will walk in the garden.
　　d. 現在完了：John has walked in the garden.
　　e. 過去完了：John had walked in the garden.
　　f. 未来完了：John will have walked in the garden.
　　g. 現在進行：John is walking in the garden.
　　h. 過去進行：John was walking in the garden.
　　i. 未来進行：John will be walking in the garden.

第二に，時制形式と時の副詞句には，(5) に見るような共起制限が存在する．時の解釈は，このような共起制限に説明を与えなければならない．

(5) a. John is leaving {at this very moment / *yesterday}.
 b. John left {yesterday / *at this very moment / *tomorrow}.
 c. John will leave {tomorrow / *yesterday}.

第三に，次の文 (6) は，(7a, b) の 2 通りの解釈が可能である．時の解釈は，このような多義性を説明しなければならない．

(6) The secretary had eaten at 3 P.M.
(7) a. 秘書の食事の時間は午後 3 時であった．
 b. 午後 3 時になるまでに，秘書は食事をすませていた．

以下で，これらの問題にどのように答えるかを見よう．

2.1.3 時の解釈の表示

時の解釈の表示として，ここでは，Reichenbach (1947) で導入された，発話時 (speech time: S)，基準時 (reference time: R)，事象時 (event time: E) の組み合わせを用いて表示する理論に基づく分析を見よう．

発話時 S はその文が発話される時を表し，通例，現在時と一致する．事象時 E は，主動詞によって記述される出来事や状態が生起する時を表す．S と E は，直接関係づけられるのではなく，基準時 R を介して関係づけられる．基準時 R は，話者の視点が置かれる時点であり，解釈の基準となる時を表す．R には R_V と R_{Mod} の 2 つがある．R_V は，事象時 E の時間上の位置づけを決定するさいの基準となる時を表す．もう一方の R_{Mod} は，未来表現の will をはじめとする法助動詞にかかわる R であり，法助動詞が生ずる場合にのみ存在し，S と R_V を関係づける．たとえば，will は未来予測を表すが，その基準時 R_{will} は予測が行なわれる時を表す．R_V は R_{will} を基準時点として解釈され，R_{will} の時点(通例，発話時と同時)以後の時点に位置づけられる ($\Rightarrow$ 2.2.2)．

S, R, E は，統語構造に表示される要素であると仮定しよう (Zagona 1988; Thompson 1996)．具体的には，S は I の，R_{Mod} は Mod の，R_V は

Perf の，E は V の素性として生ずるものとする．（以下，ΣP は説明に無関係なので省略する．）

(8)
```
              IP
           ／    ＼
      Subject    I′
              ／    ＼
             I      ModP
            [S]    ／    ＼
                 Mod     PerfP
                  │     ／    ＼
                 will  Perf    VP
                [R_will] │    ／＼
                       have  ...V...
                       [R_V]   [E]
```

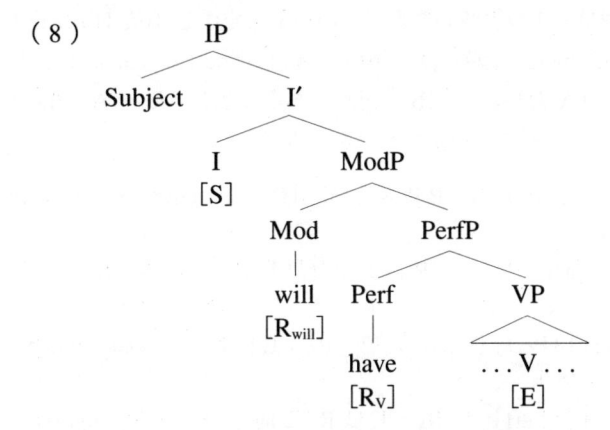

S を含む I と E を含む主動詞 V は，義務的要素である．また，R_V を導入する Perf もつねに存在し，[+Perf(ect)] は助動詞 have として具現化されて完了相を表し，[−Perf] には助動詞が生起せず，非完了相を表す．[−Perf] は音形をもたず，過去分詞を形成する形態素(-en)もともなわないので，I の時制形態素(PRES および PAST)と動詞要素の融合操作に影響を与えない．

(9)
```
              IP
           ／    ＼
        John     I′
              ／    ＼
             I      PerfP
          [PAST]   ／    ＼
                 Perf    VP
                [−Perf] ／ ＼
                       V    PP
                       │   ／＼
                      walk in the park
                       ↓
                     walked
```

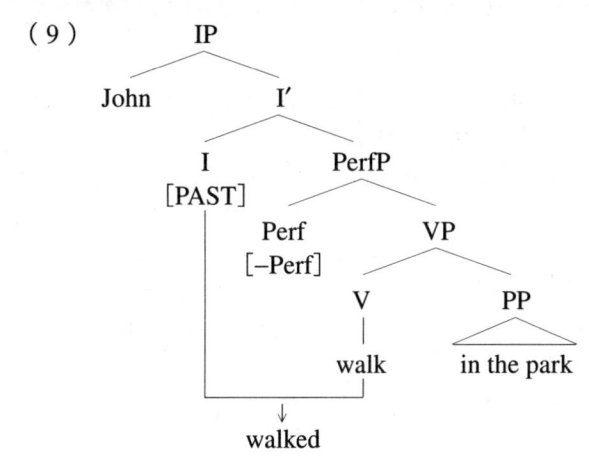

これに対して，R_{Mod} を含む Mod と進行相の Prog は随意的要素であり，will や進行相助動詞 be が現れる場合にのみ生ずる．

時制や助動詞は，2つの時の要素間の関係を指定する（*cf.* Hornstein 1990; Giorgi and Pianesi 1997; Demirdache and Uribe-Etxebarria 2000）．（以下の表記で，(A, B) は A と B が同時であることを示し，(A__B) は A が B より以前であることを示すものとする．）

(10) a. T [Pres]: R, S : R は S と同時 (R is contemporaneous with S)
  b. T [Past]: R__S : R は S より以前 (R is before S)
  c. will: R_{will}__R_V : R_V は R_{will} より以後 (R_V is after R_{will})
  d. Perf [+Perf] (= have): E__R_V : E は R_V より以前 (E is before R_V)
  e. Perf [−Perf]: E, R_V : E は R_V と同時 (E is contemporaneous with R_V)
  f. Prog (= be): [$_E$ ... R_V ...] (= E ⊇ R_V): E は R_V を包含 (E includes R_V)

進行相 (10f) は，話題となっている R_V の表す期間に，動詞の表す出来事が続いていることを表している．

以上の指定により，上記 (4a–i) には，以下のような時の解釈が与えられる．

(11) a. 現在: John [Pres] [−Perf] walk in the garden.
    (10a) (10e)
   ⇨ (R_V, S) & (E, R_V) (⇨ E, R_V, S)
  b. 過去: John [Past] [−Perf] walk in the garden.
    (10b) (10e)
   ⇨ (R_V__S) & (E, R_V) (⇨ E, R_V__S)
  c. 未来: John [Pres] will [−Perf] walk in the garden.
    (10a) (10c) (10e)
   ⇨ (R_{will}, S) & (R_{will}__R_V) & (E, R_V) (⇨ S, R_{will}__E, R_V)

d. 現在完了: John [Pres][+Perf]-have walked in the garden.
      (10a)   (10d)
      ⇨ (R_V, S) & (E__R_V) (⇨ E__R_V, S)
e. 過去完了: John [Past][+Perf]-have walked in the garden.
      (10b)   (10d)
      ⇨ (R_V__S) & (E__R_V) (⇨ E__R_V__S)
f. 未来完了: John [Pres] will [+Perf]-have walked in the garden.   (10a) (10c)   (10d)
      ⇨ (R_{will}, S) & (R_{will}__R_V) & (E__R_V) (⇨ S, R_{will}__R_V)
                                                            E ⎦
g. 現在進行: John [Pres] be walking in the garden.
      (10a) (10f)
      ⇨ (R_V, S) & ($[_E$ . . . R_V . . .]) (⇨ $[_E$ . . . R_V, S . . .])
h. 過去進行: John [Past] be walking in the garden.
      (10b) (10f)
      ⇨ (R_V__S) & ($[_E$ . . . R_V . . .]) (⇨ $[_E$ . . . R_V . . .]__S)
i. 未来進行: John [Pres] will be walking in the garden.
      (10a) (10c) (10f)
      ⇨ (R_{will}, S) & (R_{will}__R_V) & ($[_E$ . . . R_V . . .]) (⇨ S, R_{will}__ $[_E$ . . . R_V . . .])

このように，時の解釈にかかわる機能範疇主要部の意味情報を合成することにより，時の解釈が与えられる．

2.1.4 時の副詞表現の解釈

次に，時の解釈表示と時の副詞表現との関係づけを見よう．yesterday, tomorrow, at this very moment などの表現は，意味上，指示する時に一定の制限が課せられている．

(12) a. tomorrow: 発話時よりも後の時点をさす
     b. yesterday: 発話時よりも前の時点をさす
     c. at this very moment: 発話時をさす

これらは，時の表示の R または E と結びついて，それらの時点を特定化する．これに対して，発話時 S は副詞表現による特定化を受けない．仮に，S が副詞類による特定化を受けるなら，下記 (13a) が可能なはずである．

(13) a. *Now John went to school yesterday.
　　　b. E, R$_V$ ―――――― S
　　　　　　↑　　　　　　↑
　　　　yesterday　　　now

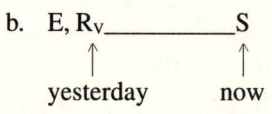

S が時の副詞による修飾を受けないのは，内在的に発話時を示す S を，now などの発話時をさす副詞表現であらためて特定化するのは無意味だからである．

　副詞表現にかかわる時の解釈の例として，上記 (5)(= (14)) の副詞表現の共起制限の例を見よう．

(14) a. John is leaving {at this very moment / *yesterday}.
　　　b. John left {yesterday / *at this very moment / *tomorrow}.
　　　c. John will leave {tomorrow / *yesterday}.

(14a–c) には，それぞれ (15a–c) の表示が与えられる．

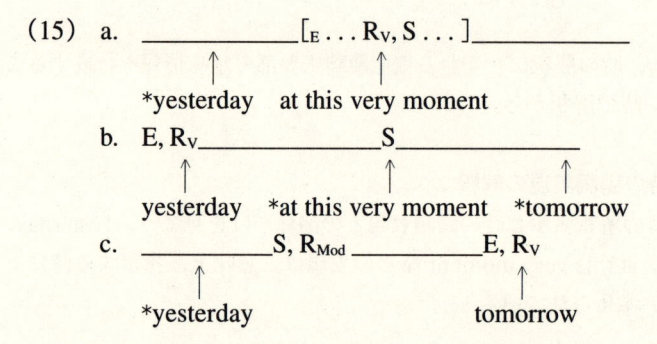

(15) a. ――――――[$_E$ ... R$_V$, S ...]――――――
　　　　　　　↑　　　　　↑
　　　　*yesterday　at this very moment
　　　b. E, R$_V$―――――――S――――――――
　　　　　　↑　　　　　↑　　　　　↑
　　　　yesterday　*at this very moment　*tomorrow
　　　c. ―――――S, R$_{Mod}$――――――E, R$_V$
　　　　　　↑　　　　　　　　　　↑
　　　　*yesterday　　　　　tomorrow

これらの例において，副詞が R または E と適切に結びつけられている場合には文法的となり，それ以外の場合には非文法的になっている．(15a) の yesterday, (15b) の tomorrow, (15c) の yesterday には，結びつけ

られる時が存在していない．(15b) の at this very moment は S と結びつけられているが，S は副詞表現による修飾を受けることができない．
　次に，上記 (6)(= (16)) の多義性について見よう．(16) には (17) に示す多義性があった．

(16)　The secretary had eaten at 3 P.M.
(17)　a.　秘書の食事の時間は午後 3 時であった．
　　　b.　午後 3 時になるまでに，秘書は食事をすませていた．

(16) では，(18) に示されるように，at 3 P.M. が，E あるいは R_V のいずれも修飾する可能性があるので，2 通りの解釈が存在することが予測される．

(18)　　　　E_____R_V_____S
　　　　(17a) ↑　　　(17b) ↑
　　　　at 3 P.M.　　at 3 P.M.

(17a) の解釈は前置詞句が E を修飾する表示によって，(17b) の解釈は R_V を修飾する表示によって説明される．
　これに対して，(19) のように前置詞句が文頭に前置されると，R_V を修飾する (17b) の解釈のみが可能である (*cf.* Hornstein 1990; Thompson 1996)．

(19)　At 3 P.M., the secretary had eaten.

この多義性の有無は，(16) の構造 (20) と，(19) の構造 (21) の相違によって説明される (*cf.* Thompson 1996)．

(20)
```
                    IP
                   /  \
                 IP    PP
                /  \    △
              NP    I'  at 3 P.M.
              △   / \
        the secretary I   PerfP
                  [Past]  /    \
                        Perf    VP
                         |     /  \
                      have[R_V] VP  PP
                               △    △
                           eaten[E] at 3 P.M.
```

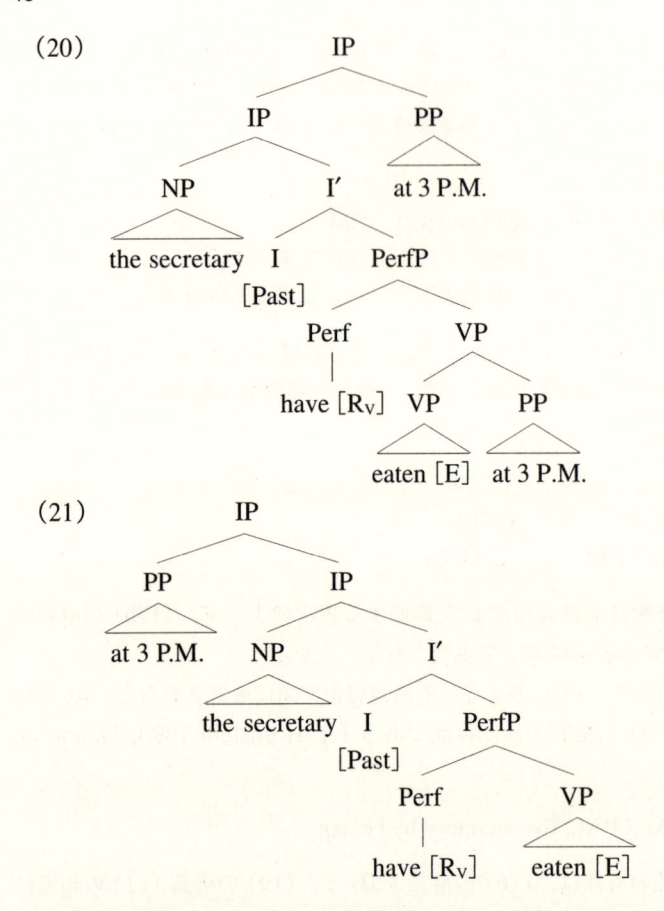

(21)
```
                    IP
                   /  \
                 PP    IP
                 △    /  \
            at 3 P.M. NP   I'
                     △   / \
               the secretary I  PerfP
                          [Past] /   \
                               Perf   VP
                                |     △
                             have[R_V] eaten[E]
```

　副詞表現は，IP に付加される文副詞と，VP に付加される VP 副詞に大別される．文副詞は VP の外側の要素を修飾するのに対して，VP 副詞は VP 内部の要素を修飾する．PP が文末に生じている (16) では，(20) に示すように，IP 付加と VP 付加の可能性がある．PP が IP に付加されている場合には，VP の外側の R_V を修飾し，VP に付加されている場合には，VP 内部の E を修飾する．したがって，(16) には副詞句の構造上の位置に対応して，2 通りの解釈がある．これに対して，PP が文頭にある (19) では，(21) に示すように，IP 付加の可能性しかないので，VP

外部の R_V を修飾する解釈だけが存在する．

このように，副詞表現の解釈の多義性の有無は，副詞表現の生ずる統語的位置と，R と E が生ずる統語的位置によって説明される．副詞表現の統語的位置と解釈に関しては，ほかに Hitzeman (1993, 1995, 1997) と Johnston (1994) を参照．

2.2 時制の用法

ここでは，時制と相のいくつかの用法を見よう．なお，進行相と完了相については，5 章を参照．

2.2.1 現在時制と過去時制

次の 3 つの文を見よう．

(22) a. John loves Mary.
b. John walks in the garden.
c. Dogs bark.
(23) E, R_V, S

(22a–c) はいずれも単純現在時制の文であり，同じ時の解釈 (23) が与えられる．しかし，状態 (stative) 動詞の love が用いられている (22a) と，非状態 (non-stative) 動詞が用いられている (22b, c) の間には，解釈上の相違が見られる．(22a) は，発話時において，「John が Mary を愛している」という状態がなりたつことを述べている．しかし，(22b, c) は，発話時における特定の出来事を表しているのではない．(22b) は，「John が庭を歩く」という習慣があることを述べており，(22c) は犬に「吠える」という習性があることを述べている総称文 (generic sentence) である．非状態動詞の場合，発話時に特定の出来事が生じていることを表すには，進行形が用いられる．

(24) John is walking in the garden.

このように，単純現在時制形は，通例，発話時における特定の出来事を表すのには用いられず，状態，習慣，特性などを述べるのに用いられる．

これに対して，単純過去時制の文は，下記 (25c) のように，特定の過去時における特定の出来事を表すことができる．

(25) a. John loved Mary. （状態）
  b. John walked in the garden in those days. （習慣）
  c. John walked in the garden yesterday. （昨日の出来事）

単純現在時制と単純過去時制のこのような相違をどのように説明するかは，今後の課題である．

2.2.2 未来表現の Will (Shall)

will (shall) を用いた未来表現には，(27) の表示が与えられる (⇒ 2.1.3)．

(26) John will walk to school.
(27) S, R_{will} _____ E, R_V

(27) の R_V は，E の位置づけの基準となる．また，R_{will} は will のモダリティ (modality) (⇒ 3.5) である未来予測が行なわれる時点を示し，R_V の位置づけの基準となる．そして，R_{will} が S と同時であると表示されている．このような R_{will} を動機づけるのは，どのような言語現象であろうか．

そのような現象の1つとして，will (shall) の未来文に，未来時をさす表現に加えて，現在時をさす表現が生ずる現象をあげることができる．

(28) a. Now we will have no money at the end of the month.
        （Huddleston 1969, 789）
  b. Now we shan't know the result until Monday.
        （Huddleston 1974, 219）
  c. Now, Mary will invite Thelma at the end of the month.
        （Haegeman and Guéron 1999, 522）

これらの文で，前置詞句 (at the end of the month, until Monday) は未来の時点をさし，一方，now は現在時をさしている．2.1.4 の (13) で述

べたように，発話時 S は副詞表現の修飾を受けない．したがって，now によって修飾されているのは R_{will} であり，これがたまたま S と同時になっている．

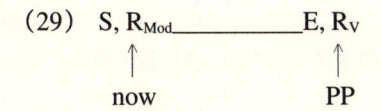

(29)　S, R_{Mod} ——————— E, R_V
　　　　　↑　　　　　　　　　↑
　　　　　now　　　　　　　　PP

このように，(28) の文では，now が R_{will} を修飾し，「現時点での予測」であることを明確にしている．この事実は，will (shall) の未来文に R_{will} が存在することを明示的に示している．

　さらに，前置詞句の解釈に関する次のような事実をあげることができる．Hitzeman (1993, 1995, 1997) によれば，P-NP の形式の付加詞には，特定的な (specific) 解釈と非特定的な (non-specific) 解釈が存在する．特定的な解釈は，R となんらかの結びつきをもつ解釈であり，R に依存することにより，付加詞が表す時を特定することができる．一方，非特定的な解釈は，R との結びつきをもたず，付加詞がさす時は特定されない．たとえば，期間を表す for NP を例としよう．

(30)　a.　Martha has lived in Boston for five years.
　　　b.　E ——————— R_V, S（特定的）
　　　　　|—————|
　　　　　for 5 years
　　　c.　E ——————— R_V, S（非特定的）
　　　　|—————|
　　　　for 5 years

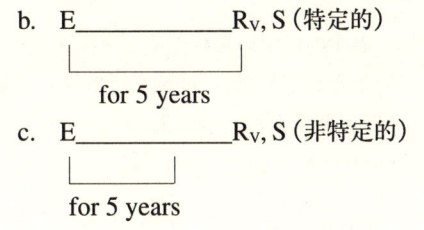

for NP が完了形に生ずると，特定的解釈では R から遡った期間を表す．すなわち，特定的解釈では，R_V が位置する現在時から遡った 5 年間を表すので，「現時点まで，住んで 5 年になる」と解釈される（継続の解釈）．一方，非特定的解釈では，過去時の非特定的な 5 年間を表し，「過去のある 5 年間，住んだことがある」と解釈される（経験の解釈）．

　以上をふまえて，for NP が will の未来表現に生じている例を見よう．

(31) Martha will be in her office for an hour.

(Hitzeman 1995, 243)

Hitzeman によると，この文の for an hour の特定的解釈では，現在時から 1 時間と解釈され，非特定的解釈では，未来時の非特定的な 1 時間と解釈される．この特定的解釈は，will の未来表現では，for NP が表す期間の始点となる R が，現在時(発話時)に存在することを示している．(32) に示すように，現在時に位置する R を R_{will} であると考えると，この事実を捉えることができる．

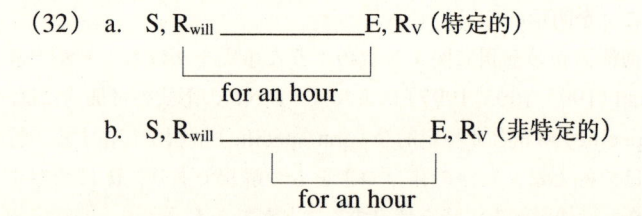

(32) a. S, R_{will} _____ E, R_V （特定的）
        |_____|
           for an hour
    b. S, R_{will} _____ E, R_V （非特定的）
             |_____|
               for an hour

このように，時の付加詞にかかわるいくつかの事実から，will の未来表現では，発話時 S と同時点に R_{will} が存在することが裏づけられる．

2.2.3 完了形と過去時制

完了形は，通例，完了相を表すのに用いられ，E と R_V の間のどのような関係に焦点があてられているかに応じて，「経験」，「継続」，「結果の状態」，聞き手にとって初耳の情報を伝える「ホット・ニュース」などの用法に分類できる (McCawley 1971)．

(33) a. I have read *Principia Mathematica* five times. （経験）
    b. I've known Max since 1960. （継続）
    c. I can't come to your party tonight — I've caught the flu. （結果の状態）
    d. Malcolm X has just been assassinated. （ホット・ニュース）

しかし，助動詞 have 自体の意味は，「E が R_V より以前 (E____R_V)」

であり，上記のような E と R_V の関連性がつねに含意されるわけではない．たとえば，次の例を見よう．

(34)　a.　Alice must have finished her dissertation yesterday.
            (Baker 1995, 561)
　　　 b.　must（推量）: R_{must}, R_V
　　　 c.　E_____R_V, R_{must}, S

推量(「〜にちがいない」)の意味で用いられる must は，未来の予測を表す will と異なり，(34b) の指定をもつ．(34b) は，must による推量が発話の時点で行なわれる推量であり，推量の対象となるのが発話時までの出来事であることを表す．その結果，(34a) には (34c) の表示が与えられる．ここで，(34a) は，現在完了相表現に対する推量と考えることはできない．というのは，現在完了相表現と特定の過去時を示す表現とは共起できないので，(35b) は非文法的であり，(34a) に対応する現在完了表現は存在しないからである．

(35)　a.　Alice finished her dissertation yesterday.
            (Baker 1995, 561)
　　　 b.　*Alice has finished her dissertation yesterday.　(*ibid.*)

このように，(34a) は，過去時制の文 (35a) に対応する推量表現である．しかし，must に後続する動詞は原形でなければならず，過去形は許されないので，(34a) の have は，いわば過去時制の代役としての機能を果たしている．

これに対して，(34a) とは異なり，(36a) の have は完了相を表しており，現在完了相の文 (36b) に対する推量を表している．したがって，(36a) は完了相に特徴的な「継続」の解釈をもつ．

(36)　a.　Jane may have lived in Austin since 1968.
            (Baker 1995, 564)
　　　 b.　Jane has lived in Austin since 1968.　　(*ibid.*)

このように，助動詞 have は，完了相を表す用法に加えて，過去時制の

代用となる場合がある．過去時制の代役用法は，過去完了形にも見られる．

(37) a. John had changed the oil just the day before.

(Baker 1995, 536)

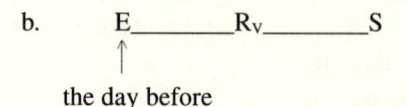

b. E_____Rv_____S
　　　↑
　the day before

(37a) の文では，R が表す過去のある日からさらに振り返って，その前日に出来事が起こったことを述べている．英語では，過去時制を重ねることによって，過去のある時点のさらに過去を表すことはできない．したがって，(37) では，完了助動詞 have がその代役をつとめていると言える．

2.2.4 未来完了

(38a) は，will による未来完了表現である．

(38) a. John will have finished his manuscript by tomorrow.
b. $(R_{will}, S) \& (R_{will}\_\_R_V) \& (E\_\_R_V)$
= S, R_{will} _____R_V
　　　　　E_____|
　　　　　　　　　↑
　　　　　　by tomorrow

(38b) の表示が示すように，E と (S, R_{will}) の先行関係は指定されない．したがって，出来事がいつ生起するかに関して，原理的には，(39a–c) の3通りの可能性があるはずである．

(39) a. 発話時 (S) に，すでに草稿を完成させている．
b. 発話時 (S) に，草稿を完成しようとしている．
c. 発話時 (S) と R_V (明日) の間のある時点で，草稿を完成させる．

(40) ___E_____E, S, R_{will}_____E_____R_V
　　　(39a)　　　　(39b)　　　　　(39c)　　↑
　　　　　　　　　　　　　　　　　　　by tomorrow

しかし，未来完了の文は，通例 (39c) の意味で用いられる．
　この事実は，未来完了の表示として (38b) が不適切であることを示しているのではない．Comrie (1985, 69–74) は，(38a) は，(39a, b, c) のいずれの状況にもあてはまるが，(39a, b) の状況で用いられにくいのは，(39a) の状況を伝えるには (41a) を，(39b) の状況を伝えるには (41b) を用いるほうが，より適格に状況を伝えることができるからであると述べている．

(41)　a.　John has finished his manuscript.
　　　b.　John is finishing his manuscript.

このように，実際の文の解釈には，時制，相助動詞などの言語表現の意味に加えて，適切な言語使用にかかわる要因も影響を及ぼすことがある．

2.2.5　現在形による未来表現

英語には，単純現在形を用いて，未来の出来事に言及する用法がある．

(42)　The train departs at five o'clock tomorrow morning.

この用法は，未来の出来事が発話時点で予定されている場合に可能であり，典型的には，到着 (arrive)，出発 (leave, depart)，開始 (begin, start) などを表す動詞が用いられる．

　単純現在形に与えられる時の解釈表示は (43a) であるので，このままでは (42) の時の副詞句が修飾すべき時点が存在しない．このことは，(43a) の基本構造から，E を未来時に移動する操作が必要であることを示している．

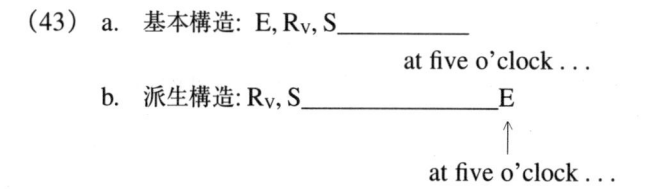

(43)　a.　基本構造: E, R_V, S＿＿＿＿＿
　　　　　　　　　　　　　　　at five o'clock ...
　　　b.　派生構造: R_V, S＿＿＿＿＿＿＿E
　　　　　　　　　　　　　　　　　　　↑
　　　　　　　　　　　　　　　at five o'clock ...

派生構造 (43b) では，前置詞句は，未来時に移動された E と結びつけら

れる．このように，この構文は，時制，相表現などの情報を組み合わせて得られる基本構造に，一定の変更を加える操作が存在することを示している．

この構文は，ある出来事が未来時に生起することが，R_V が置かれている発話時点で確定したものとして述べる場合に用いられる．したがって，そのような確定的判断を下す根拠がある場合にのみ，用いることができる．

(44) a. The sun sets at 8. 39 tomorrow.　　(Wekker 1976, 85)
　　　 b. *It rains tomorrow.　　　　　　　　　　　　(*ibid.*)

(44a) の翌日の日没時間は，天文学によって確定することができる．しかし，(44b) の翌日の天候は，予測の域を越えることはできない．この構文で用いられるのが，典型的に交通機関の発着や，催し物の開催を表す動詞であるのは，この構文固有の特性に由来する語用論的制約のためである．なお，進行形による未来表現については 5.1 を参照．

2.3 時制と従属節

本節では，不定詞補文，定形補文，および時の副詞節における時の解釈に関わる問題を見よう．

2.3.1 不定詞補文と時の解釈

不定詞補文の時の解釈には，主節の事象時 E との一定の依存関係が見られる．不定詞節を補文とする述語は，補文の時の解釈との関係に基づいて，大きく 3 タイプに分類可能である (Baker 1995, 530–531)．

(ⅰ) hope タイプ

(45) John hopes to be in the correct room.
(46) John hopes that he {(a) was / (b) is / (c) will be} in the correct room.

(ⅱ) seem タイプ

(47) John seems to be in the correct room.

(48) It seems that John {(a) was / (b) is / (c) will be} in the correct room.

(iii) certain タイプ
(49) John is certain to be at home.
(50) It is certain that John {(a) was / (b) is / (c) will be} at home.

　hope タイプでは，不定詞補文の内容の生起時は，主節の E よりも後の解釈を受ける．たとえば，(45) は (46c) の解釈をもつ．seem タイプでは，不定詞補文の内容の生起時は，主節の E と同時と解釈される．たとえば，(47) は (48b) と同義である．これに対して，certain タイプでは 2 通りの解釈の可能性があり，不定詞補文の内容の生起時は，主節の E と同時，あるいは主節の E より後と解釈される．たとえば，(49) には，(50b) と (50c) の解釈の可能性がある．

　これらの現象は，次のように捉えることができる．不定詞補文は非定形節であり，その主要部 I (= to) は，定形節の I と異なり，時制素性 [Pres] あるいは [Past] の指定をもたないのであった($\Rightarrow$ 2.1.1)．

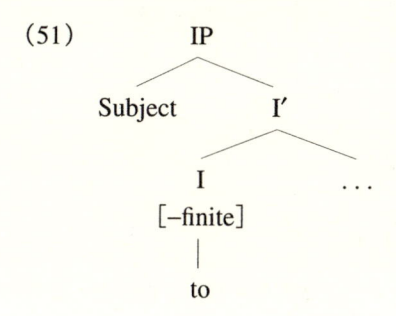

(51)　　　　　IP
　　　　　／＼
　　　Subject　I′
　　　　　　　／＼
　　　　　　 I　　 …
　　　　　[−finite]
　　　　　　｜
　　　　　　to

時制素性の指定を受けない非定形の I [−finite] が含む S は，定形節の S と異なり，発話時をさすのではなく，主節の E に依存して間接的に発話時と結びつけられる S_{PRO} であると仮定しよう．そして，I [−finite] は，下記 (52) に示すように，補文の R_V が S_{PRO} と同時であることを指定する．補文の S_{PRO} と主節の E との順序関係は，主節の動詞によって決定される．すなわち，3 つのタイプの述語は，それぞれ，(53a–c) の指定を

不定詞補文の S_{PRO} に与える．

(52) I [−finite]: S_{PRO}, R_V (補文の R_V は S_{PRO} と同時)
(53) a. hope タイプ: E_{HOPE}＿＿S_{PRO} (補文の S_{PRO} は E_{HOPE} より後)
　　 b. seem タイプ: E_{SEEM}, S_{PRO} (補文の S_{PRO} は E_{SEEM} と同時)
　　 c. certain タイプ:
　　　　(ⅰ) $E_{CERTAIN}, S_{PRO}$ (補文の S_{PRO} は $E_{CERTAIN}$ と同時)
　　　　(ⅱ) $E_{CERTAIN}$＿＿S_{PRO} (補文の S_{PRO} は $E_{CERTAIN}$ より後)

これらの指定により，次のような表示が与えられる．

(54) hope タイプの時の表示
　　　主節: E_{HOPE}, R_V, S

　　　補文: ＿＿＿ S_{PRO}, E, R_V

(55) seem タイプの時の表示
　　　主節: E_{SEEM}, R_V, S
　　　　　　｜
　　　補文: S_{PRO}, E, R_V

(56) certain タイプの時の表示
　　　(ⅰ) 主節: $E_{CERTAIN}, R_V, S$
　　　　　　　　　｜
　　　　　　補文: S_{PRO}, E, R_V
　　　(ⅱ) 主節: $E_{CERTAIN}, R_V, S$

　　　　　　補文: ＿＿＿ S_{PRO}, E, R_V

このように，不定詞補文の3つのタイプの時の解釈は，主節述語による不定詞補文への意味的制限として記述することができる．

不定詞補文内に完了助動詞 have が用いられる場合，完了相を表す場合と，過去時制の代用として用いられる場合がある．補文の内容が主節動詞の E よりも未来の解釈を受ける場合(hope タイプと certain タイプの (ⅱ) の用法)，不定詞節に have が生起すると未来完了の解釈を受ける．

(57) a. I expect to have read this book by next Tuesday.

b.　主節: E_{expect}, R_V, S
　　補文:　┕━━━ E_{read} ━━━━ S_{PRO}, R_V
　　　　　　　　　　　　　　　　↑
　　　　　　　　　　　　by next Tuesday

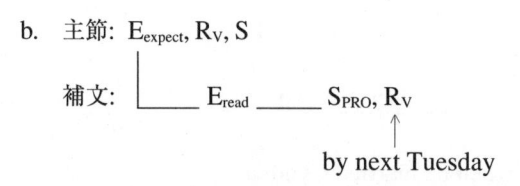

これに対して seem タイプと certain タイプの (i) の用法では，3 通りの解釈の可能性がある (McCawley 1971, 100)．

(58) a. John is believed to have arrived at 2:00 yesterday.
　　 b. It is believed that John arrived at 2:00 yesterday.
(59) a. John is believed to have drunk a gallon of beer by now.
　　 b. It is believed that John has drunk a gallon of beer by now.
(60) a. John is believed to have already met Sue when he married Cynthia.
　　 b. It is believed that John had already met Sue when he married Cynthia.

(58)–(60) の各 (b) 文のパラフレーズが示すように，(58a) は過去時制，(59a) は現在完了，(60a) は過去完了の文に対応する解釈をもつ．(58a) には (61a)，(59a) には (61b) の表示が与えられる．

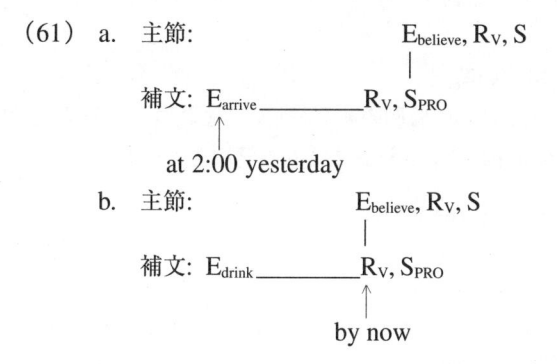

(61) a.　主節:　　　　　　$E_{believe}$, R_V, S
　　　　　　　　　　　　　　　│
　　　　　補文: E_{arrive}━━━━━━R_V, S_{PRO}
　　　　　　　　　↑
　　　　　　at 2:00 yesterday
　　 b.　主節:　　　　　　$E_{believe}$, R_V, S
　　　　　　　　　　　　　　　│
　　　　　補文: E_{drink}━━━━━━R_V, S_{PRO}
　　　　　　　　　　　　　　↑
　　　　　　　　　　　　by now

助動詞 have は，(61b) では現在完了相の解釈であるが，(61a) では過去時制の代用として用いられている．(60a) にも，(61a, b) と類似の表示が与えられる．

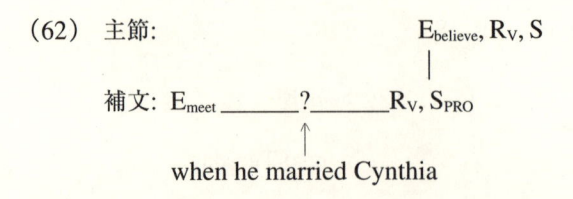

(62)　主節:　　　　　　　　　　　$E_{believe}, R_V, S$
　　　　　　　　　　　　　　　　　　　　|
　　　　補文: E_{meet} _____?_____ R_V, S_{PRO}
　　　　　　　　　　　　　↑
　　　　　　　　　when he married Cynthia

しかし, (62) のままでは過去完了に対応する適切な表示が与えられず, when 節は適切な時点と結びつけられない. この場合, 補文の R_V を S_{PRO} から分離し, 左方 (過去方向) に移動する操作が必要である. この操作により, (62) から (63) が派生される.

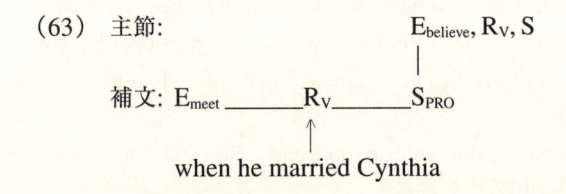

(63)　主節:　　　　　　　　　　　$E_{believe}, R_V, S$
　　　　　　　　　　　　　　　　　　　　|
　　　　補文: E_{meet} _____R_V_____ S_{PRO}
　　　　　　　　　　　　　↑
　　　　　　　　　when he married Cynthia

(63) では, 時の副詞節は, E_{meet} と S_{PRO} の間に位置する R_V と結びつけられ, 過去完了形に相当する解釈が得られる.

このように, 不定詞補文の時の解釈は, 主節動詞の意味情報, 助動詞 have の語彙情報と, R を移動する操作によって説明される.

2.3.2 定形補文の時制の解釈

まず, 過去時制の主節に過去時制の補文が埋め込まれている (64) を見よう. この文は, (65a, b) に示される 2 通りの解釈をもつ.

(64)　Arby said that he knew Adam.
(65)　a.　主節の Arby の発言が行なわれる時点よりも, 彼が Adam を知っている時点が前.
　　　　b.　主節の Arby の発言が行なわれる時点と, 彼が Adam を知っている時点が同時.

(65a) の解釈では, 補文の過去時制は, 補文の内容が, 主節の出来事が生じた過去時よりもさらに遡った時点に生起したことを表しており,「過去

移動 (past-shifted) の解釈」と呼ばれる．下記 (66a) では，副詞表現により，解釈が過去移動の解釈のみに限定され，直接話法 (direct speech) を用いた (66b) と同じ内容を表す．

(66) a. Yesterday John told me that he returned the book on Tuesday.　　　　　　　　　　　　　　　　　　(Baker 1995, 544)
　　　 b. Yesterday John told me, "I returned the book on Tuesday."

これに対して，(65b) の解釈では，補文の過去時制は，主節の出来事と補文の出来事が同時に生じていることを示しており，「同時の (simultaneous) 解釈」と呼ばれる．(65b) の解釈は，直接話法を用いた (67) と同じ解釈である．

(67) Arby said, "I know Adam."

すなわち，(64) の補文が (65b) の解釈をもつ場合，補文の過去時制は直接話法での現在時制に相当する働きをしている．これは，伝統的に「時制の一致」(sequence of tense) と呼ばれてきた現象である (*cf.* Hornstein 1990).

次に，主節が過去時制で，補文が現在時制である (68) を見よう．

(68) Arby said that he knows Adam.

この文では，補文の内容が，現在時と Arby の発言が行なわれた過去時の両方でなりたつ．これは，「二重接触 (double-access) の解釈」と呼ばれ (*cf.* Enç 1987; Abusch 1988; Ogihara 1989; Stowell 1995)，伝統的には時制の一致の例外とされてきた現象である．補文の内容は，過去と現在の両方にまたがってなりたつ内容であるので，一般真理，総称的事柄，状態などに限られる．

さらに，主節が未来表現の場合を見よう．

(69) a. Arby will say that he knew Adam.
　　　 b. Arby will say that he knows Adam.

補文が過去時制の (69a) では，補文の内容がなりたつのは，主節の Arby

の発言が行なわれる未来時よりも前の，ある時点と解釈される．すなわち，(69a) の補文の過去時制は，過去移動の解釈のみを許す．次の文では，Tuesday が Thursday より前であるので，過去移動の解釈が明確である．

(70) John will tell everyone on Thursday that he overslept on Tuesday. (Baker 1995, 540)

一方，補文が現在時制である (69b) では，補文の内容がなりたつ時点が，Arby の発言が行なわれる未来の時点と同時であると解釈される．

定形補文の時の解釈については，Enç (1987), Abusch (1988), Ogihara (1989), Hornstein (1990), Stowell (1995) などを参照．

2.3.3 時の副詞節の時制

when 節，before 節，after 節，as 節などの時を表す副詞節の時制には，次のような制約が見られる (*cf.* Geis 1970).

第一に，主節の時制と副詞節の時制は，時制の調和 (tense harmony) の制約に従い，同一でなければならない．

(71) 時制の調和: 時を表す副詞節と主節の時制は，同一でなければならない．

(72) a. John [Pres] leaves {after / before / when} Mary [Pres] arrives.
 b. *John [Pres] leaves {after / before / when} Mary [Past] arrived.

(73) a. John [Past] left {after / before / when} Mary [Past] arrived.
 b. *John [Past] left {after / before / when} Mary [Pres] arrives.

(72b) で after が選択された場合や，(73b) で before が選択された場合には，意味上の不整合が生じないにもかかわらず，非文法的になっている．したがってこれらは，時制の調和違反により，非文法的になっていると考えられる．

第二に，時を表す副詞節には，単純未来の will は用いられない．

(74) a. John will leave {after / before / when} Mary arrives.
b. *John leaves {after / before / when} Mary will arrive.
c. *John will leave {after / before / when} Mary will arrive.

(74a) で after が選択された場合，(74b) で before が選択された場合，および (74c) には，意味的不整合がないにもかかわらず，単純未来の will が許されない．この現象は，条件の if 節にも見られる．

(75) If the boat {(a) sinks / (b) *will sink} we will get drowned.

また，これらの副詞節では，単純未来の will だけでなく，話者の推量を表す認識様態 (epistemic) の意味の法助動詞 (⇒ 3.5) や法的意味をもつ文副詞は，一般に生起できない．

(76) a. *We will begin dinner when my father {will / may / must} arrive.
b. *John left {before / when / after}, probably, Mary called.
c. *Lily is sad if Conrad probably leaves.

(Doherty 1987, 47)

したがって，時の副詞節に will が用いられない現象は，次の一般的制約として述べることができる．

(77) 時と条件の副詞節の認識様態制約: 時と条件を表す副詞節では，認識様態の表現は用いられない．

この制約は，次のような意味的要因によるものと思われる．時と条件を表す副詞節は，主節の内容を述べるうえでの背景となる基準を与えている．このため，副詞節内の叙述内容は，基準として暫定的に受け入れられている．認識様態の表現は，節の内容が真である度合いに対する話者の主観的判断を表す．このため，これらの副詞節に認識様態の表現を用いると，基準が不鮮明になるので，意味的に整合しない．

これらの副詞節内で，現在時制で未来の出来事を表現できるのは，一見すると，主節の will の存在に依存しているように見える．しかし，それ

が正しくないことは，次のような文の存在によって示される．

(78) a. If she doesn't come, I've just whitewashed the gate-posts for nothing. (Huddleston 1969, 804)
b. If Mary enjoys herself tomorrow, then I have succeeded. (Tedeschi 1976, 124)
c. If Tom wins the race tomorrow, we have not labored in vain. (*ibid.*)
d. If Udall defeats Carter in Ohio, we're making progress. (*ibid.*)

これらの例では，主節に will が生起していない．主節は，未来の事柄ではなく，現在の時点での出来事・状態を述べているが，if 節は未来の事柄を述べている．さらに，以下の例では明示的な主節が存在していない．

(79) a. What if we invite your mother next week and go away the week after? (Swan 1980, 585)
b. "I say it will work out." "But what if it doesn't work?" (M. Breasted, *I Shouldn't Be Telling You This*, 379)
c. "... What if he gets in the White House and outlaws cigarets?" "He won't get in. Do you think?" (M. Breasted, *op. cit.*, 285)

したがって，時や条件を表す副詞節の現在時制は，内在特性として，現在時あるいは未来時に言及できると考えられる．この事実は，これらの副詞節の現在時制に，次の指定を与えることによって捉えることができる．

(80) 時・条件の副詞節の現在時制: 時や条件の副詞節の Tense [Pres] は，
(i) S, R (S と R が同時)，または
(ii) S___R (R が S よりも後)を表す．

(80i) は，通例の定形節の場合と同じ特性であり，(80ii) は，時や条件を表す副詞節に固有の特性で，will や shall がなくても未来の事柄に言及で

きることを表している．(80ii) の特性により未来時を表す場合，R_V が未来時にあるので，完了助動詞 have が生ずると，未来完了と類似の表示をもつ．

(81) a. John will leave before night has fallen. (Declerck 1991, 106)
　　　b. 主節：　S, R_{will}_____R_V, E_{leave}
　　　　　副詞節：S_____E_{fall}_____R_V

will や shall を用いずに未来を表す現在時制の用法は，次のような従属節にも見られる．

(82) a. I hope the cavalry *arrive* soon.　　　(Swan 1980, 296)
　　　b. We will award the prize to the person who *submits* the best essay. (= If person *x* submits the best essay, we will award the prize to *x*, likewise for person *y* and so on.)
　　　　　　　　　　　　　　　　　　　　　(Baker 1995, 552)
　　　c. Whether or not Shirley *agrees* with tomorrow's vote, she should abide by the decision of the group. (= If Shirley agrees with tomorrow's vote, she should abide by the decision of the group; if she does not agree with it, she should still abide by the decision of the group.)　　　(Baker 1995, 553)

(82a) では，主節動詞 hope の意味特性により，補文の内容が未来を表すことが明らかである．したがって，(82a) の例は，hope タイプの不定詞補文と同じ扱いが可能と思われる．(82b) では，括弧内のパラフレーズに示されるように，person を修飾する関係節が，意味的に条件の if 節と同じ働きをしている．(82c) の譲歩節も，パラフレーズに示されるように，2 組の「条件節＋帰結節」からなる文と考えることができる．したがって (82b, c) の例は，条件節と同じ分析が可能である．
　時の副詞節の分析については，Geis (1970)，Hornstein (1990) などを参照．

2.4 まとめ

　時制解釈を中心とする時の解釈は，時制と相にかかわる機能範疇がもつ情報を合成することによって与えられる．また，時の解釈にかかわる言語現象には，機能範疇の情報の合成によって得られる基本構造に，一定の変更を加える操作が必要となるものがある．さらに，従属節の時の解釈にかかわる現象は，主節の時の構造と従属節の時の構造の間に，さまざまな制約が存在することをうかがわせる．それらの制約の正確な記述と説明は，今後の課題である．

第3章　法

3.1　英語の法

　本章では，ムード (mood)（法，あるいは叙法）とモダリティ (modality)（法性）にかかわる機能範疇を見てゆく．ムードもモダリティも，文の叙述内容（命題 (proposition)）に対する話者の心的態度，すなわち叙述内容の述べ方にかかわる概念であるが，一般には，動詞要素の屈折形態による文形式の区別をさす場合をムードと呼び，法助動詞や副詞などの語彙項目によって表されるものをモダリティと呼ぶ．

　英語のムードとして，伝統的に，直説法 (indicative mood)，命令法 (imperative mood)，仮定法 (subjunctive mood) が区別される．

(１)　a.　John *is* in his office.　（直説法）
　　　b.　*Be* quiet!　（命令法）
　　　c.　Bill insists that John *be* in his office.　（仮定法現在）
　　　d.　If you *lived* in Dallas now, you *could* drive home in half a day.　（仮定法過去）

(1a) の直説法は，これまでの章で見てきた定形節のムードであり，現在・過去の時制の区別がなされ，現在形の基準時 R は現在時に，過去形の基準時 R は過去時に対応している．(1b) の命令法では，動詞は原形であり，時制の区別はない．(1c) の仮定法現在でも原形の動詞が用いられ，時制の区別は見られない．(1d) の仮定法過去では，動詞は過去形が用いられるが，叙述される内容は現在時の事柄である．このように，(1b–d) の非

直説法では，2章で論じた定形直説法の文における時制システムをそのまま適用することはできない．

モダリティを表す典型例は，法助動詞である．

(2) a. John must be in his office. （蓋然性）
　　 b. John may be in his office. （可能性）
　　 c. John must work harder. （義務）
　　 d. John may work harder. （許可）

(2a)では，'John is in his office' という命題を事実として述べているのではなく，その叙述内容の蓋然性(probability)が高い，すなわち真(true)である見込みが高いことを述べている．(2b)では，同じ叙述内容に，一定の可能性(possibility)があることを述べている．(2c)では，'John works harder' という叙述内容を実現することが，義務(obligation)であることを述べており，(2d)では，同じ叙述内容の実現に，許可(permission)が与えられていることを述べている．

このように，直説法以外のムードでは，叙述内容がそのまま事実として述べられるのではなく，叙述内容に対する話者のなんらかの心的態度が加えられている．同様に，モダリティ表現も命題内容に対する話者の心的態度を，語彙的に表している．以下，直説法以外のムードとモダリティの特徴を見よう．

3.2 命　令　法

本節では，命令文について，その統語特性や意味特性を考察し，それらの特性がどのように説明されるかを見よう．

3.2.1 命令文の統語特性と構造

命令法は，命令文で用いられるムードであり，叙述内容の実現を聞き手に求める話者の心的態度を表す．命令文は次のような特性を示す．

(i) 主語の顕在化は義務的ではなく，随意的である．

(3) a. Hoist the sails! 　　　　　　　　　(Potsdam 1998, 6)

　　　　b. Mind your business!　　　　　　　　　　(*ibid.*)
　　　　c. Be happy!　　　　　　　　　　　　　　(*ibid.*)
　(4) a. You sit down.　　　　　　　　　(Baker 1995, 471)
　　　　b. Someone call a doctor.　　　　　　　　(*ibid.*)

(ii) 動詞は現在・過去の時制の対立を示さず，原形である．

　(5) a. Be patient!
　　　　b. *Are Patient!　　　　　　　　　(Baker 1995, 471)

(iii) 一般動詞だけでなく，be 動詞と完了の have にも do 支持が適用される．

　(6) a. Don't forget my birthday!　　　　(Potsdam 1998, 7)
　　　　b. Don't be so foolish!　　　　　　(Potsdam 1998, 6)
　　　　c. Don't be messing around when the bell rings!
　　　　　　　　　　　　　　　　　　　　 (Potsdam 1998, 315)
　　　　d. Don't have eaten everything before the guests arrive!
　　　　　　　　　　　　　　　　　　　　　　　　(*ibid.*)
　　　　e. Do be more careful!　　　　　　(Potsdam 1998, 6)
　　　　f. Do have reached a decision regarding the matter!
　　　　　　　　　　　　　　　　　　　　　(Potsdam 1998, 9)

　まず，命令文の基本的構造を見よう．命令文の節構造は，通例の節構造と基本的に同じである (*cf.* Davies 1986; Potsdam 1998)．直説法の節と命令文の相違は，機能範疇 C と I の内在特性の相違によって説明される．まず，C には節のムードを区別する素性が存在し，直説法の C (以下，C_{Ind} とする) には [Ind(icative)]，命令法の C (以下，C_{Imp} とする) には [Imp(erative)] が生起する．

(7) a. 直説法節　　　　　　　　b. 命令文

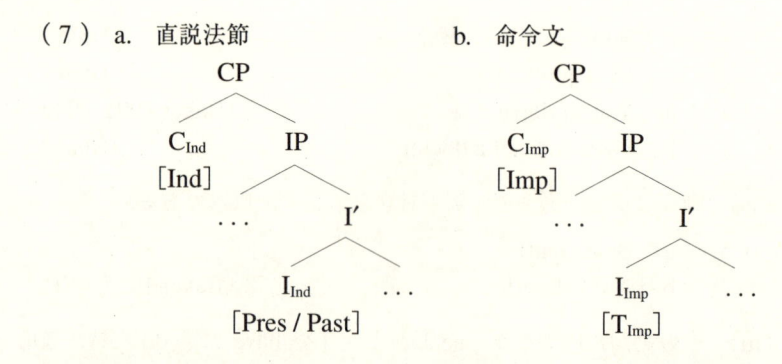

```
       CP                              CP
      /  \                            /  \
   C_Ind   IP                      C_Imp   IP
   [Ind]  / \                      [Imp]  / \
        ...  I'                          ...  I'
            / \                              / \
          I_Ind ...                       I_Imp ...
       [Pres/Past]                        [T_Imp]
```

C_{Imp} の補部となる IP の主要部 I_{Imp} は，直説法の I_{Ind} と異なり，時制素性 [Pres / Past] を含まない [T_{Imp}] をもつ．また，命令文には法助動詞が義務的に生じると考えよう．命令文で選択される法助動詞は，must や should と類似の義務的意味をもつが，音声的に具現化されない抽象的な法助動詞 Mod_{Imp} である．

以上から，命令文は下記の構造をもつと考えられる．

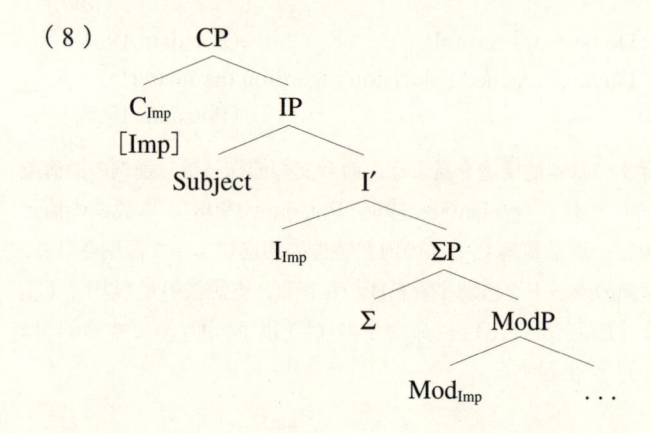

(8)
```
            CP
           /  \
        C_Imp  IP
        [Imp] /  \
          Subject  I'
                  / \
               I_Imp  ΣP
                     / \
                    Σ   ModP
                       /  \
                    Mod_Imp ...
```

この構造を仮定して，命令文の特性 (i)–(iii) を考察しよう．

3.2.2　命令文における助動詞特性

まず，特性の (ii)，すなわち命令文の動詞が原形である点について見よ

う．I の時制素性は，動詞や助動詞の形を決定する時制形態素をともなっている (⇒ 1.2.1)．I_{Imp} の時制素性 $[T_{Imp}]$ がともなう時制形態素は，音声内容をともなわない抽象的形態素 ϕ である．したがって，命令文の動詞に過去形形態素や現在形形態素が現れることはない．

(9)　Be / *Are patient.

次に，do 支持に関する特性の (iii) を見よう．この特性は，次の一般化により説明される．

(10)　命令文の have・be の一般化: 命令文では，助動詞 have と be 動詞は I へ繰り上げられない．

この一般化は，命令文に法助動詞 Mod_{Imp} が義務的に存在することの帰結である．直説法の定形節では，助動詞 have と be 動詞が先頭の助動詞である場合，I へ繰り上げられる (⇒ 1.2.2)．しかし，命令文では音形のない法助動詞 Mod_{Imp} が義務的に存在するので，I へ繰り上げられるのは Mod_{Imp} であり，have と be が Mod_{Imp} を越えて繰り上げられることはない (1.2.2 の最短移動の制約)．

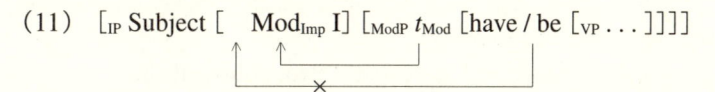

(11)　[$_{IP}$ Subject [　Mod_{Imp} I] [$_{ModP}$ t_{Mod} [have / be [$_{VP}$ ...]]]]

(10) の一般化に基づいて，I_{Imp} (に含まれる抽象的形態素 ϕ) と have および be の融合を見よう．肯定の命令文では，I_{Imp} と have または be の間に，音声内容をもつ要素が介在することはない．Mod_{Imp} およびその痕跡も音声内容をもたないので，have あるいは be と I_{Imp} の融合を妨げるものはない．(pro は，you に相当する音声内容をもたない代名詞とする．3.2.3 参照．)

(12)　a.　Have waited at least an hour before going swimming.
　　　　　　　　　　　　　　　　　　　　　　　　　(Potsdam 1998, 9)
　　　b.　[$_{IP}$ pro [$_I$ Mod_{Imp} I_{Imp}] [$_{ModP}$ t_{Mod} [$_{PerfP}$ have [$_{VP}$ waited at least an hour before going swimming]]]]

(13) a. Be waiting for me at the door! (*ibid.*)
　　 b. [$_{IP}$ *pro* [$_I$ Mod$_{Imp}$ I$_{Imp}$] [$_{ModP}$ t_{Mod} [$_{ProgP}$ be [$_{VP}$ waiting for me at the door]]]]

(14) a. Be more careful!
　　 b. [$_{IP}$ *pro* [$_I$ Mod$_{Imp}$ I$_{Imp}$] [$_{ModP}$ t_{Mod} [$_{CopP}$ be more careful]]]

一方，否定の命令文では，have あるいは be と I$_{Imp}$ の間に，Neg 主要部の not が介在する．したがって，隣接条件 (⇒ 1.2.1) により，have あるいは be と I$_{Imp}$ との融合が妨げられる．直説法の節と異なり，have と be は I へ繰り上げられないので，not を越えて I$_{Imp}$ に付加されることにより隣接条件を満たすこともない．また，I$_{Imp}$ に付加されている Mod$_{Imp}$ 自体も音声内容をもたないので，I$_{Imp}$ と融合することはできない．そのため，融合制約 (15) の違反を回避するために，(16), (17) のように do 支持が義務的に適用される (⇒ 1.2.3)．

(15) 接辞の融合制約：接辞は，音声内容をもつ要素と融合しなければならない．

(16) a. Don't be so selfish.
　　 b. *Be {n't / not} so selfish! / *Not be so selfish.
　　 c. [$_{IP}$ *pro* [$_I$ Mod$_{Imp}$ I$_{Imp}$] [$_{NegP}$ not (n't) [$_{ModP}$ t_{Mod} [$_{CopP}$ be so selfish]]]]
　　　　　　　　　↑
　　　　　　　　 do

(17) a. Don't have eaten everything before we sit down to supper!
　　 b. *Have {n't / not} eaten everything before we sit down to supper!
　　 c. [$_{IP}$ *pro* [$_I$ Mod$_{Imp}$ I$_{Imp}$] [$_{NegP}$ not (n't) [$_{ModP}$ t_{Mod} [$_{PerfP}$ have
　　　　　　　　　↑
　　　　　　　　 do
　　　　 [$_{VP}$ eaten everything before we sit down to supper]]]]]

肯定の命令文で，強調の Aff [+Emph] が介在する場合に do が用いられ

第 3 章 法　71

るが，これも否定の場合と同様に説明される．

(18) a. Do be more cafeful!
 b. [$_{IP}$ pro [$_I$ Mod$_{Imp}$ I$_{Imp}$] [$_{AffP}$ [+Emph] [$_{ModP}$ t_{Mod} [$_{CopP}$ be more careful]]]]
       ↑_____| |_____×_____|
       do

(19) a. Do have reached a decision regarding the matter!
 b. [$_{IP}$ pro [$_I$ Mod$_{Imp}$ I$_{Imp}$] [$_{AffP}$ [+Emph] [$_{ModP}$ t_{Mod} [$_{PerfP}$ have
       ↑_____| |_____×_____|
       do
    [$_{VP}$ reached a decision regarding the matter]]]]]

このように，命令文で助動詞 have と be にも do 支持が適用される事実は，(10) の帰結として説明される．

次に一般動詞の命令文を見よう．命令文で Mod$_{Imp}$ が I$_{Imp}$ へ繰り上げられるが，Mod$_{Imp}$ 自体は音声内容をもたないので，I$_{Imp}$ の形態的融合の対象とはならない．また，Mod$_{Imp}$ もその痕跡も音声内容をもたないので，I$_{Imp}$ と一般動詞の融合を妨げることはない．したがって，I$_{Imp}$ にもっとも近い音声内容をもつ一般動詞が，I$_{Imp}$ の形態的融合の対象となる．

(20) a. Close the door!
 b. [$_{IP}$ pro [$_I$ Mod$_{Imp}$ I$_{Imp}$] [$_{ModP}$ t_{Mod} [$_{VP}$ close the door]]]
              |_____|

これに対して，I$_{Imp}$ と動詞との間に Neg 主要部の not (n't) あるいは強調の Aff [+Emph] が介在すると，I$_{Imp}$ と動詞との融合が不可能となるので，接辞の融合制約違反を回避するため，形式助動詞 do が挿入される．

(21) a. Don't touch that glass.
 b. *Touch {n't / not} that glass!　　　(Potsdam 1998, 131)
 c. [$_{IP}$ pro [$_I$ Mod$_{Imp}$ I$_{Imp}$] [$_{NegP}$ not (n't) [$_{ModP}$ t_{Mod} [$_{VP}$ touch that
       ↑_____| |_____×_____|
       do
    glass]]]]

(22) a. Do try some of the dandelion salad! (Potsdam 1998, 6)
　　 b. [$_{IP}$ pro [$_I$ Mod$_{Imp}$ I$_{Imp}$] [$_{AffP}$ [+Emph]] [$_{ModP}$ t_{Mod} [$_{VP}$ try some
　　　　　　　　　↑　　　　　　　　　　×
　　　　　　　　 do
　　　　 of the dandelion salad]]]]

　一般動詞は，I へ繰り上げられる特性がないので，Neg 主要部の not あるいは Aff [+Emph] が存在すると，do 支持が義務的に適用される．
　以上のように，命令文で，助動詞 have および be 動詞に対しても do 支持が適用されるのは，法助動詞 Mod$_{Imp}$ が存在するため，have および be が I$_{Imp}$ へ繰り上げられないことの帰結として説明される．

3.2.3　命令文の主語

　命令文の特性 (i) で述べたように，命令文では顕在的主語が生起する場合と生起しない場合がある．

(23) a. Eat your spinach!
　　 b. Be patient.
(24) a. You sit down.
　　 b. Someone call a doctor.

(23) のように顕在的主語が生起しない場合は，you に対応する音声内容をもたない空の代名詞 pro$_{you}$ が，主語位置に存在すると仮定しよう．

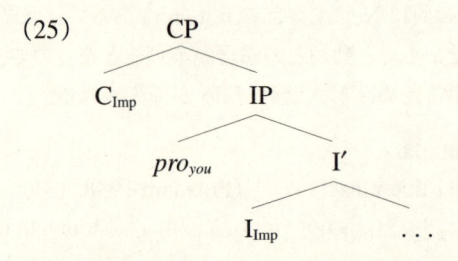

(25)　　　　　　CP
　　　　　　／　　＼
　　　　C$_{Imp}$　　　 IP
　　　　　　　　／　　＼
　　　　　　pro$_{you}$　　I′
　　　　　　　　　　／　＼
　　　　　　　　　I$_{Imp}$　　…

　you に相当する空の代名詞が存在すると考える根拠の 1 つとして，目的語が再帰代名詞である場合の振る舞いをあげることができる．

(26) a. Shave {yourself / *myself / *himself / *herself}.
　　　b. You must shave {yourself / *myself / *himself / *herself}.

(26b) が示すように，動詞の目的語が再帰代名詞である場合，主語を先行詞としなければならない．命令文の (26a) でも，you の解釈をもつ空の代名詞が主語として存在すると考えると，目的語の再帰代名詞が yourself 以外には許されないことが説明される．

　もう 1 つの根拠として，命令文に付加疑問が後続する場合，付加疑問の主語としては you が生ずる事実をあげることができる．

(27) a. Shut the window, could you!　　　(Radford 1997, 160)
　　　b. Don't say anything, will you!　　　　　　(*ibid.*)
(28) 　You went to New York, didn't {you / *he / *she}?

(28) が示すように，付加疑問の主語は，先行する節の主語と数・性・人称が一致する代名詞でなければならない．(27) の命令文の場合も，先行する命令文が you の解釈をもつ空の代名詞を主語にもつならば，付加疑問に you が生ずる事実が説明される．

　顕在的主語が生起する場合，次に示すように，主語となる名詞句には，you 以外にもさまざまな要素が生ずる．

(29) a. *You* take out the trash!　　　　　(Potsdam 1998, 6)
　　　b. *Everyone* take out a pencil!　　　　　　(*ibid.*)
　　　c. *One of you* fetch me that ladder!　　　　(*ibid.*)
　　　d. *Those in the front* back away from the barricade! (*ibid.*)
　　　e. *You and your men* be on guard for anything suspicious!
　　　　　　　　　　　　　　　　　　　　(Potsdam 1998, 212)

このように，命令文の主語の統語形式はさまざまであるが，つねに次の意味的制約に従う．

(30) 命令文主語の制御可能性条件: 命令文の主語の指示対象は，命令の受け手である聞き手にとって制御可能 (controllable) なものでなければならない．

聞き手にとってもっとも制御可能なのは自分自身であるので，命令文の主語は，通例，聞き手自身である．(29b–e) の場合でも，その指示対象は聞き手と同一，あるいは聞き手が制御可能な人びととみなすことができる．また，聞き手を指示対象に含まない名詞句が主語となることもある．たとえば，以下の例では，聞き手は (31) の斜体の名詞句の指示対象に含まれない．(大文字は強勢を表す．)

(31) a. You go for help and *the baby* stay with me!
 (Potsdam 1998, 213)
 b. *YOUR soldiers* build the bridge, General Lee!　(*ibid.*)

しかし，(31a) の the baby は聞き手 you の保護下にあり，また (35b) の your soldiers は聞き手 General Lee の指揮下にあるので，いずれの場合も，聞き手は主語の行動を制御することができる立場にある．したがって (31) の文は，(30) の条件を満たしている．

命令文の主語は，下記の例のように，形式助動詞 do / don't と共起したり，倒置の対象となることがある．

(32) a. SOMEone do answer the phone!　(Potsdam 1998, 8)
 b. Do SOMEone help him quickly!　(Potsdam 1998, 7)
(33) a. Those with luggage don't leave it unattended!
 (Potsdam 1998, 8)
 b. Don't anyone touch my stuff!　(*ibid.*)
 c. Don't you sit down over there!　(Baker 1995, 472)

したがって，命令文を導く C_{Imp} は，I を引きつけて，I-to-C 移動を引き起こす場合があると考えられる ($\Rightarrow$ 1.2.3)．

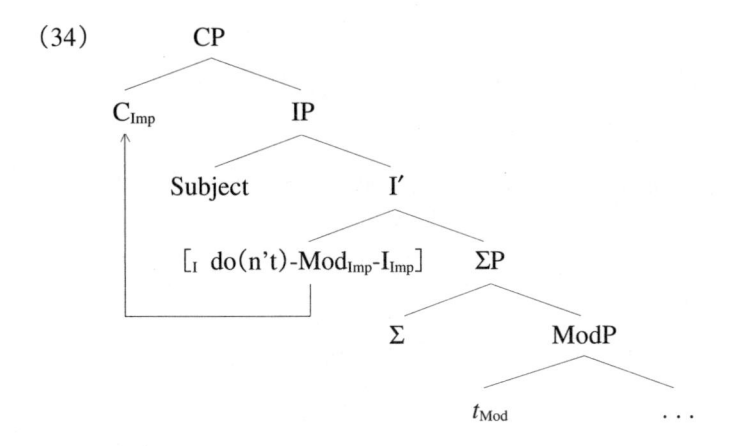

(34)
```
            CP
           /  \
        C_Imp  IP
               /  \
           Subject  I'
                   /  \
         [_I do(n't)-Mod_Imp-I_Imp]  ΣP
                                    /  \
                                   Σ   ModP
                                       /  \
                                    t_Mod  ...
```
(C_Imp ← [_I do(n't)-Mod_Imp-I_Imp] の移動を示す矢印)

これに対して，not が主語の前に生ずることはない．否定辞は，I に付加される場合に n't に縮約される（⇒ 1.2.3）．not の場合，Neg 主要部にとどまっており，[do-Mod_Imp-I_Imp] の位置に移動されていないので，[do-Mod_Imp-I_Imp] とともに C_Imp に移動されることもない．これは疑問文 (35c) の場合と同様である．

(35) a. *Do not you sit down over there.　　(Baker 1995, 472)
　　 b. *Do not anybody say anything.　　　　(*ibid.*)
　　 c. *Will not she survive?

命令文の顕在的主語の生起に関しては，まだ解明されていない制限が存在する．たとえば，次のような命令文は容認されない．

(36) a. *You don't close the door!　　(Armagost 1973, 98)
　　 b. *Do someone not abandon the gate!　(Potsdam 1998, 9)

(36) のような例の非文法性を説明するためには，命令文の主語の生起にどのような制約がかかわっているのか，また，いかなる場合に C_Imp が主語・助動詞倒置を引き起こすのかを明らかにする必要がある（*cf.* Davies 1986; Potsdam 1998; Han 1998）．

3.2.4 命令文の時の解釈

I_{Imp} の時制素性 $[T_{Imp}]$ は次の時間特性をもつと仮定しよう．

(37) T_{Imp}: S, R_{Mod} (R_{Mod} と S が同時)

(37) は，Mod_{Imp} が表す命令が，発話時 S における命令であることを示している．Mod_{Imp} 自体は，義務を表す must や未来表現の will と同様に，(38) の時間特性をもつので，発話時以降に命令内容が実現されることを要求する．

(38) Mod_{Imp}: R_{Mod}_____R_V (R_V は R_{Mod} より後)

(37) と (38) により，たとえば，(39a) の時の構造は (39b) の表示をもつ．

(39) a. Close the door.
 b. S, R_{Mod}_____E, R_V

(39b) の表示により，命令が発せられているのが発話時であり，叙述内容の実現を求められているのが発話時以後であることが明示される．完了の have をともなう場合は，未来完了と同様の表示が与えられる（⇒ 2.2.4）．

(40) a. Have cooked this evening's dinner by six.
(Culicover 1971)

 b. S, R_{Mod}____E____R_V
       ↑
    by six

(40b) では，命令が発せられるのが現在時，叙述内容の実現を求められているのが，R_V の位置する未来時 (6 時) 以前の時点であることが明示されている．

以上のように，命令文の時の解釈は，I_{Imp} の時制素性 $[T_{Imp}]$，命令文法助動詞 Mod_{Imp}，および完了助動詞 have の情報を合成することによって得られる．

3.3 仮定法現在

本節では，仮定法現在が生ずる補文の特性を，直説法や命令法と比較し

ながら見てゆく．

3.3.1　仮定法現在節の特性と構造

　仮定法現在は，demand, insist, suggest, (be) imperative, (be) necessary などの述語の補文に生ずるムードであり，補文の命題内容に対する主節の主語や話者の実現への要求・提案・必要等々を叙述するのに用いられる．

(41)　a.　I {demand / urge / insist} that he be there.
　　　　　　　　　　　　　　　(Haegeman and Guéron 1999, 328)
　　　b.　He suggests that you be more receptive.
　　　　　　　　　　　　　　　(Potsdam 1998, 137)
　　　c.　The rules require that the executives be polite.
　　　　　　　　　　　　　　　(Baker 1995, 98)
　　　d.　It is {vital / essential / important} that he be there.
　　　　　　　　　　　　　　　(Haegeman and Guéron 1999, 328)
　　　e.　It is necessary that the foundation be inspected before we proceed.　　　(Potsdam 1998, 64)

この構文は，主としてアメリカ英語で用いられ，次のような特性を示す．

　第一に，動詞は原形が用いられる．下記 (42) の文法性判断は，アメリカ英語の場合である．また，insist のように，要求・願望の意味の場合は仮定法現在の補文 (She insists that you attend the party.) をとり，事実の主張の意味の場合は直説法の補文 (John insists that he is innocent.) をとるものもある．

(42)　a.　*I demand that he goes there.
　　　b.　*It is imperative that he finds the answer soon.
　　　　　　　　　　　　　　　(Culicover 1971, 42)

　一方，イギリス英語においては，仮定法現在に相当する構文では，(43) のように原形ではなく should が用いられる．(ただし最近は，アメリカ英語の影響により，イギリス英語でも原形を用いた仮定法現在の用法が見

(43) I demand that he should go there.

　第二に，do 支持が適用されない．仮定法現在の補文は，動詞の原形が用いられる点や，叙述内容の実現に対する要求・提案を表す点で命令文に類似しているにもかかわらず，do 支持が適用されない．まず，(44a, b) が示すように，肯定の強調で形式助動詞 do は用いることができない．さらに，(45a, b) が示すように，否定文でも do が挿入されず，(46) のように否定辞 not が単独で生起する．

(44) a.?*Contrary to what the polls say, we suggest that Jimmy do run for re-election. (Potsdam 1998, 64)
　　　b.?*I requested that she do be more assertive as she is quite competent. (*ibid.*)
(45) a. *Who suggested that he {do not / don't / doesn't} act so aloof if he hopes to find a wife? (Potsdam 1998, 65)
　　　b. *Jack asks that we {do not / don't} cut down his bean stalk just yet. (*ibid.*)
(46) a. Who suggested that he not act so aloof if he hopes to find a wife? (*ibid.*)
　　　b. Jack asks that we not cut down his bean stalk just yet. (*ibid.*)
　　　c. The sign requests that one not be loitering during curfew hours. (*ibid.*)
　　　d. It is important that he not come very often. (Haegeman and Guéron 1999, 325)

　このような特性を説明するために，仮定法現在節の主要部 C, I, Mod の特性を見よう．まず，demand, insist, necessary などの述語の補文となる CP の主要部 C (= that) は，仮定法現在であることを示す素性 [Subj(unctive)] をもつと仮定しよう．

(47) 仮定法現在節

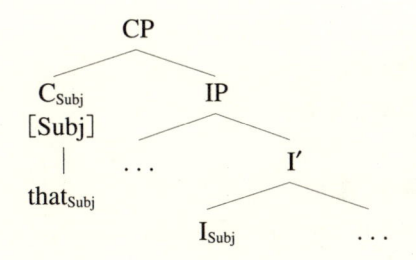

```
        CP
       /  \
    C_Subj  IP
    [Subj] / \
      |  ...  I'
   that_Subj / \
          I_Subj ...
```

that$_{Subj}$ と直説法の補文を導く補文標識 that$_{Ind}$ を区別する根拠の 1 つとして，主動詞に後続する that$_{Ind}$ は省略可能であるのに対して，that$_{Subj}$ は省略できないという事実があげられる．

(48) a. I demand *(that$_{Subj}$) he see the president now.
　　　　　　　　　　　　(Haegeman and Guéron 1999, 107)
　　　b. I think (that$_{Ind}$) he works in a hospital.　　　(*ibid.*)

C$_{Subj}$ の補部となる IP の主要部 I$_{Subj}$ は，[Pres / Past] の指定をもたない時制素性 [T$_{Subj}$] をもつ．時制素性 [T$_{Subj}$] は，接辞形態素をともなわないと考えよう ($\Rightarrow$ 3. 3. 2)．

また，仮定法現在節には，法助動詞 Mod$_{Subj}$ が義務的に生ずると考えよう．Mod$_{Subj}$ は，イギリス英語では should として具現化されるが，アメリカ英語では抽象的法助動詞であり，音形をもつ法助動詞は生起しない．

以上から，仮定法現在節は以下の構造をもつと考えられる．

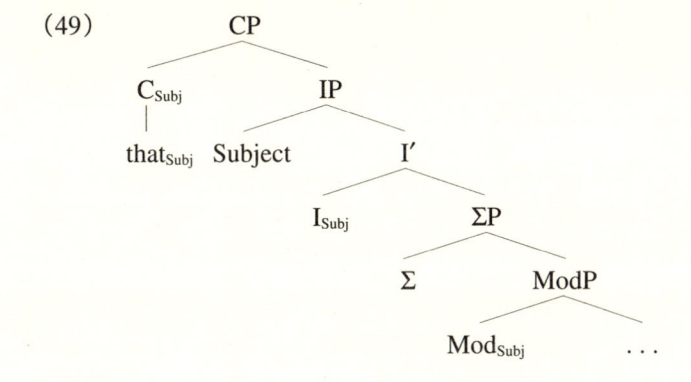

(49)
```
              CP
             /  \
         C_Subj  IP
           |    /  \
       that_Subj Subject I'
                       /  \
                   I_Subj  ΣP
                          /  \
                         Σ   ModP
                             /  \
                         Mod_Subj ...
```

この構造は，機能範疇 C, I, Mod の語彙特性の相違を除けば，直説法節の構造と同一である．この構造をもとにして，次節では仮定法現在節の特性がどのように説明されるかを見よう．

3.3.2 仮定法現在節の特性の説明

まず，動詞の形態に関する特性から見よう．(50) に見るように，仮定法現在節では動詞の原形が用いられる．

(50) I demand that he {go / *goes} there.

補文の IP の主要部 I_{Subj} が含む時制素性 $[T_{Subj}]$ は，接辞形態素をともなわない．したがって，動詞が現在形や過去形の形態をとることはない．また，法助動詞 Mod_{Subj} は，イギリス英語で should として具現化される場合を除けば，音声内容をもたない抽象的法助動詞であるので，顕在的法助動詞が生起することはない．

(51) a. *He demanded that the successful candidates can speak German. (Potsdam 1998, 138)
 b. He demanded that the successful candidates be able to speak German. (*ibid.*)
 c. *The police require that the spectators must stand behind the barricade. (*ibid.*)
 d. The police require that the spectators stand behind the barricade. (*ibid.*)

次に，do 支持にかかわる特性を見よう．(52) に見るように，仮定法現在節では do 支持が適用されない．

(52) a. *Jack asks that we {do not / don't} cut down his bean stalk just yet.
 b. Jack asks that we not cut down his bean stalk just yet.

仮定法現在節に do 支持が適用されないのは，I_{Subj} が，接辞形態素を含まないためである．直説法の I_{Ind} の時制素性 $[T_{Ind}]$ ([Pres / Past]) は，接

辞形態素として現在形形態素 PRES または過去形形態素 PAST をともない，命令文の I_{Imp} の時制素性 $[T_{Imp}]$ は抽象的形態素 ϕ をともなうのであった．しかし，仮定法現在節の I_{Subj} の時制素性 $[T_{Subj}]$ は，このような接辞形態素をともなわないと考えられる．このため，I_{Subj} には接辞要素に対する制約 (54) が適用されない．

(53) 　　　　　　　　　　　時制素性　　　接辞形態素
　　　a. 直説法 I_{Ind}　　　[Pres]　　　　PRES
　　　　　　　　　　　　　[Past]　　　　PAST
　　　b. 命令法 I_{Imp}　　　$[T_{Imp}]$　　　　ϕ
　　　c. 仮定法現在 I_{Subj}　$[T_{Subj}]$　　　なし

(54) 接辞の融合制約: 接辞は，音声内容をもつ要素と融合しなければならない．

do 支持は，(54) の制約を守るために，最後の手段として適用される操作であった．仮定法現在節の I_{Subj} には，音声内容をもつ動詞要素と融合する必要のある接辞要素が存在しないので，do 支持を適用する必要もない．

(55) 　a. The sign requests that one not be loitering during curfew hours.　　　　　　　　　　　　　(Potsdam 1998, 141)
　　　b. The queen desires that you not be inattentive.　　(*ibid.*)
　　　c. The workers requested that I not have ruined their new sidewalk before it even dries.　　(*ibid.*)

このように，仮定法現在節で do 支持が適用されないのは，主要部 I_{Subj} が接辞要素を含まないことの帰結として説明される．

　否定の仮定法現在節では，not は用いることはできるが，縮約否定辞 n't を用いることはできない．これは，I_{Subj} に n't が付加できる音声内容をもつ要素が存在しないためである．まず，I_{Subj} に抽象的法助動詞 Mod_{Subj} が繰り上げられて付加されるので，音声内容をもつ助動詞 have あるいは be が，I_{Imp} へ繰り上げられることはない．また，上述のように do 支持も適用されないので，結果的に I_{Subj} には音声内容をもつ要素が存在しない．したがって，not を I_{Subj} に繰り上げて n't に縮約しても，n't が付加される

べき音声内容をもつ助動詞が存在しないので, n't 形は生起できない.

(56) [_CP that [_IP Subject [_I Mod_Subj I_Subj] [_NegP n't [_ModP t_Mod [(have / be) [_VP ...]]]]]]

(57) a. *The sign requests that one {don't be / ben't} loitering during curfew hours. (Potsdam 1998, 142)
b. *The queen desires that you {don't be / ben't} inattentive. (*ibid.*)
c. *The workers requested that I {don't have / haven't} ruined their new sidewalk before it even dries. (*ibid.*)

なお, not の場合, 下記の例のように have に後続する例も見られるが, この not は文否定の not ではなく, 構成素否定の not と考えられる. (Fiengo (1980, 80) を参照. なお, have に後続する not の文否定の可能性については, Potsdam (1998, 149) を参照.)

(58) I demand that he have not left before I return.
(Fiengo 1980, 80)

3.3.3 仮定法現在節の時の解釈

下記の2つの文を見よう. (59a), (60a) は, それぞれ (59b), (60b) に示す解釈をもつ.

(59) a. I demand that he go there.
b. 話者は, 現在の時点で, 現在の時点以降に「彼がそこへ行く」ことが実現されることを要求している.
(60) a. I demanded that he go there.
b. 話者は, 過去のある時点で, その時点以降に「彼がそこへ行く」ことが実現されることを要求した.

以下, このような解釈がどのようにして得られるのかを見よう.

まず, 仮定法現在節の I_{Subj} の時制素性 $[T_{Subj}]$ は, 直説法の時制と異なり, 主節動詞の事象時 E (E_{Matrix} とする) に依存して解釈される S_{PRO} を含むと考えよう (⇒ 2.3.1). そして, 仮定法現在節を補文とする demand

のような動詞は，(61a) の指定をもち，一方，仮定法現在節の時制素性 [T_{Subj}] は，(61b) の指定をもつと考えよう．

(61) a. demand: E_{demand}, S_{PRO} (S_{PRO} が E_{demand} と同時)
b. T_{Subj}: S_{PRO}, R_{Mod} (R_{Mod} が S_{PRO} と同時)

(61a) は，仮定法現在節の S_{PRO} が，主節動詞が表す行為が行なわれる時点 E_{Matrix} と，同じ時点をさすことを表している．(61b) は，Mod_{Subj} が表す要求・提案などのモダリティが，S_{PRO} と同時点で発せられることを表している．(61a) により，S_{PRO} は E_{Matrix} と同時であるので，仮定法現在節の叙述内容に対する要求・提案などが，主節動詞の E_{Matirx} と同時点における要求・提案であることを表している．

次に，Mod_{Subj} は次のような時の指定をもつ．

(62) Mod_{Subj}: R_{Mod}＿＿＿R_V (R_V は R_{Mod} より後)

(62) は，仮定法現在補文の叙述内容が，R_{Mod} より後の時点に実現されることを要求・提案されていることを表している．

(61a, b)，(62) の指定により，上記 (59a), (60a) には，それぞれ (63), (64) の表示が与えられる．(63b) では，補文の事象時 E_{go} は，発話時にある主節の事象時 E_{demand} よりも後の時点に位置しており，(59b) の解釈を表している．これに対して，(64b) では，補文の事象時 E_{go} は，過去時に位置する主節の事象時 E_{demand} よりも後の時点に位置するので，(60b) の解釈を表している．

(63) a. I demand that he go there.
b. 主節: E_{demand}, R_V, S
　　　　　　｜
　　補文: S_{PRO}, R_{Mod}＿＿＿＿＿＿＿R_V, E_{go}

(64) a. I demanded that he go there.
b. 主節: E_{demand}＿＿＿＿＿＿＿＿＿R_V, S
　　　　　　｜
　　補文: S_{PRO}, R_{Mod}＿＿＿＿＿R_V, E_{go}

このように，仮定法現在節の時の解釈は，主節動詞，仮定法現在節の時制

素性 [T_{Subj}]，および仮定法現在法助動詞 Mod_{Subj} の時に関する指定を合成することによって得られる．

仮定法現在の包括的研究には，Chiba (1987) および James (1986) がある．

3.4 仮定法過去

本節では，仮定法過去の特徴を，直説法と比較しながら考察しよう．仮定法過去は，命題内容を事実としてではなく，仮想的 (hypothetical) な出来事・状態として述べるのに用いられる．このため，述べられる内容は，事実に反する (counterfactual) 事柄や，事実である度合いが低い (と話者が考える) 事柄である場合が多い．

この構文の典型例は，下記 (65a) のような「if 条件節 (protasis) + 帰結節 (apodosis)」の形式の条件文に見られ，主節の帰結節には過去形の法助動詞が用いられる．

(65) a. If you *lived* in Dallas now, you *could* drive home in half a day.　　　　　　　　　　　　　　(Baker 1995, 555)
　　　b. If Colin is in London, he is undoubtedly staying at the Hilton.
　　　　　　　　　　　　　　　　　(Quirk et al. 1985, 1091)

仮定法過去を用いた (65a) では，条件節の内容は偽 (false)（聞き手は現在 Dallas に住んでいない）であり，したがって帰結節の内容も偽である．このように，仮定法過去の条件文では，話者は条件節の内容が満たされない，あるいは満たされる見込みが少ないことを前提 (presupposition) としており，このような前提をもつ条件文を仮想条件文 (hypothetical condition) と呼ぶ．これに対して，(65b) のように直説法の条件文も存在する．直説法を用いた条件文では，条件節の内容が真であるか偽であるかは不明であり，したがって帰結節の内容も真であるか偽であるか不明である．このような条件文は，開放条件文 (open condition) と呼ばれる (Quirk et al. 1985)．

(65a) に見られるように，仮定法過去では，過去形 (lived, could) が

用いられているが，叙述されている内容は現在の事柄であり，直説法の現在形と同じ機能を果たしている．また，(66a) が示すように，仮定法過去を用いて未来の事柄が述べられることもある．これは，直説法の条件文 (66b) で，現在形を用いて未来の事柄を述べるのに対応している．

(66) a. If you *missed* class tomorrow, you *would* not hear Professor Grant's elucidation of Hugo's metaphors.
(Baker 1995, 553)

　　　b. If you *miss* class tomorrow, you *will* not hear Professor Grant's elucidation of Hugo's metaphors.　　(*ibid.*)

すなわち，時に関しては，仮定法過去 (66a) の過去形 (missed, would) は，直説法を用いた (66b) の現在形 (miss, will) と同じ働きをしている．さらに，仮定法過去の過去形は，単独では過去時に言及できず，過去時の事柄を述べるには，(67a) のように助動詞 have の助けを必要とする．一方，直説法を用いた条件文では，(67b) のように過去形単独で過去の事柄を述べることができる．

(67) a. If you *had been* here yesterday, you *would have met* Marsha.
(Baker 1995, 556)

　　　b. If John *went* to that party, (then) he *was* trying to infuriate.
(Dancygier 1998, 7)

このように，仮定法過去の過去形は，過去時をさすことができず，時の解釈に関しては直説法の現在形と同じ機能を果たしていると考えられる．

　このような特性を説明するために，主節である帰結節では，仮定法過去節を導く補文標識 C は素性 [Hyp(othetical)] をもち，法助動詞が義務的に生ずると仮定しよう．

(68) 仮定法過去の帰結節の構造

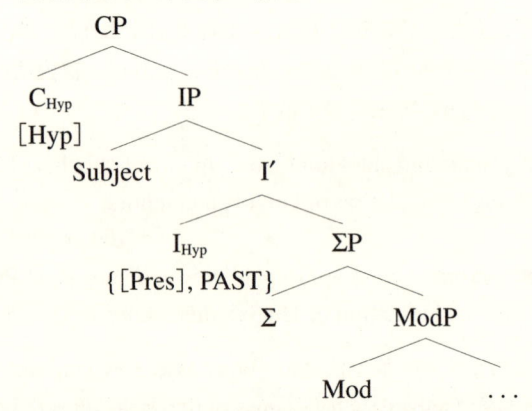

```
              CP
             /  \
          C_Hyp  IP
          [Hyp] / \
           Subject I'
                  / \
               I_Hyp  ΣP
          {[Pres], PAST} / \
                       Σ   ModP
                           / \
                         Mod  ...
```

　IP の主要部 I_{Hyp} に含まれる時制素性 $[T_{Hyp}]$ は，現在時制 [Pres] のみが選択されると考えよう．この現在時制は，過去形形態素 PAST をともなう．つまり，時の解釈を受ける時制素性は現在であるが，形態的には過去形となるということである．この結果，仮定法過去節の法助動詞は過去形となる．そして，仮定法過去の [Pres] は (69) の指定をもつとしよう．

　　(69)　T_{Hyp} [Pres]: S, R_{Mod} (R_{Mod} が S と同時)

(69) は，法助動詞による仮想的想定の時点 R_{Mod} が，発話時点 S と同じ時点であることを表している．上述のように，仮定法過去節の時制は現在時制しかとらないので，仮定法過去による想定はつねに現在時点での想定となる．つまり，「今の時点で～と仮想してみれば，～という帰結が得られるだろう」という意味を表す．

　仮定法過去の if 節の IP も，I_{Hyp} を主要部とし，現在時制 [Pres] をもつ．ただし，if 節の現在時制 [Pres] は，直説法の現在時制 [Pres] の場合と同様に，(70) の特性をもち，現在時または未来時に言及することができる (⇒ 2.3.3)．

　　(70)　時・条件の副詞節の現在時制: 時や条件の副詞節の Tense [Pres] は，

（i）　S, R（S と R が同時），または
（ii）　S＿＿R（R が S よりも後）を表す．

なお，仮定法過去の条件節に be 動詞が生ずる場合，直説法では was が生ずる環境に were が生ずることもある．

(71)　If John {were / was} here, we would soon learn the truth.
(Quirk et al. 1985, 1094)

仮定法過去節のこのような特性により，たとえば (72a)(=(65a)) と (73a)(=(66a)) には，それぞれ (72b) と (73b) の時の解釈が与えられる．

(72)　a.　If you *lived* in Dallas now, you *could* drive home in half a day.
　　　　[if ... T$_{Hyp}$ [Pres]-live＋PAST ...], [... T$_{Hyp}$ [Pres]-can＋PAST ...]
　　b.　帰結節:　S, R$_{can}$, R$_V$, E
　　　　　　　　　　｜
　　　　if 節:　　S, R$_V$, E
　　　　　　　　　　↑
　　　　　　　　　now

(73)　a.　If you *missed* class tomorrow, you *would* not hear Professor Grant's elucidation of Hugo's metaphors.
　　　　[if ... T$_{Hyp}$ [Pres]-miss＋PAST ...], [... T$_{Hyp}$ [Pres]-will＋PAST ...]
　　b.　帰結節:　S, R$_{will}$＿＿＿＿E, R$_V$
　　　　　　　　　　　｜
　　　　if 節:　　S＿＿＿＿＿＿E, R$_V$
　　　　　　　　　　　　　　↑
　　　　　　　　　　　tomorrow

(72) では，if 節の時制 T$_{Hyp}$ [Pres] が，(70i) により，R$_V$ が発話時 S と同時であることを表すので，現在の事柄に関する仮想的条件が述べられており，主節ではそれに対する現在の仮想的帰結が述べられている．(73)

では，if 節の時制 T_{Hyp} [Pres] が，(70ii) により，R_V が発話時 S よりも後であることを表すので，未来の事柄に関する仮想的条件が述べられており，主節ではそれに対する未来の仮想的帰結が述べられている．

　過去時に言及する場合は，(74a) のように「E___R_V（E が R_V より以前）」を意味する完了助動詞 have が用いられ，(74b) の表示が与えられる．（したがって，直説法の現在完了形に対応するものを仮定法過去を用いて述べた場合と，形式上は区別できない．）仮定法過去で完了の have が用いられる形式は，仮定法過去完了形と呼ばれることもある．

(74) a. If there *hadn't been* so many clouds in the sky, you *could have* seen the mountains.
　　　　[if . . . T_{Hyp} [Pres]-have + PAST-been . . .], [. . . T_{Hyp} [Pres]-can + PAST-have . . .]
　　b. 帰結節：E_____R_V, R_{can}, S
　　　　　　　　　　　　　　|
　　　if 節：　E_____R_V, S

(74) では，have の存在により，帰結節でも if 節でも，E が R_V よりも前に配置されており，いずれも過去時の事態であることを示している．しかし，R_{can} と R_V は発話時 S と同時点にあり，話者の視点は現在時にあることが示されている．

　次に，仮定法過去の文が that 節として埋め込まれた場合を見よう．たとえば，(75b) には (75a) の仮定法過去の文が埋め込まれている．

(75) a. If we went by car we'd get there in time.
　　　　　　　　　　　　　　　　　(Declerck 1991, 525)
　　b. I said that if we went by car we'd get there in time.
　　　　　　　　　　　　　　　　　(*ibid.*)

(75b) のように，仮定法過去節が補文として埋め込まれた場合，仮定法過去節の IP の主要部 I_{Hyp} は，仮定法現在節と同様に，通例の発話時 S ではなく，主節動詞の事象時 E_{Matrix} と同時と解釈される S_{PRO} を含むと考えよう．すなわち，仮定法過去の文が埋め込まれた場合，仮想的事柄を想定

するのは主節の主語であり，想定の時点は主節動詞の E_{Matrix} と一致するということである．たとえば，(75a) には (76b) の表示が与えられるのに対して，それが埋め込まれた (75b) には (77b) の表示が与えられる．

(76) a. If we went by car we'd get there in time.
　　　b. 帰結節： S, R_{will}＿＿＿R_V, E
　　　　　　　　　　｜
　　　　 if 節： S＿＿＿＿＿R_V, E

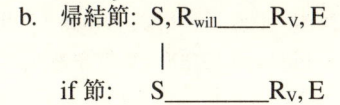

(77) a. I said that if we went by car we'd get there in time.
　　　b. 主節： E_{say}, R_V＿＿＿＿＿S
　　　　　　　　　　　｜
　　　　 帰結節： S_{PRO}, R_{will}＿＿＿E, R_V
　　　　　　　　　　　｜
　　　　 if 節： S_{PRO}＿＿＿＿＿E, R_V

(77b) では，埋め込まれた仮定法過去節の S_{PRO} は，主節の発言が行なわれた時点 E_{say} と同時である．したがって，(77a) は，主節の発言が行なわれた時点での，主節の主語による仮想的条件の想定とその帰結が述べられている．すなわち，(77a) は直接話法を用いた (78) と同じ意味を表す．

(78) I said, "If we went by car, we'd get there in time."

仮定法過去の文は，if 節と帰結節の両方が生ずる典型的な例のほかに，帰結節あるいは if 条件節の一方のみが生ずるものもある．たとえば，下記 (79a) では 'if this were done / attempted'，(79b) では 'if I were you' に相当する条件節が省略されている．この場合も，時の解釈は典型的な条件文の場合と同じである．

(79) a. That would be very nice. Yes.　　　(Palmer 1990, 173)
　　　b. I wouldn't be in too much of a hurry. There can't be more than about eight feet of water under your keel.　　　(*ibid.*)

これとは逆に，wish による仮定法過去節では，条件節に相当する部分が wish の補文として生じ，帰結節は生じない．また，(80b) が示すよう

に，wish は直説法の補文をとることはできない．

(80) a. Janice *doesn't* live in Texarkana. Caleb wishes that she *did* live there. (Baker 1995, 557)
b. *Caleb wishes that Janice *lives* there. (*ibid.*)

仮定法過去の研究としては，Quirk et al. (1985), James (1986), Declerck (1991), Dancygier (1998), Iatridou (2000) などを参照．

3.5 法助動詞

ここでは，英語のモダリティ表現を代表する法助動詞の，統語特性，意味特性，および語用論的特性を見る．なお，need, ought (to), dare も法助動詞として分類されるが，ここでは扱わない．

3.5.1 法助動詞と語形

英語の法助動詞には，現在形の will, shall, may, can と，その過去形の would, should, might, could がある．must は現在形のみで，過去形が存在しない．現在形の法助動詞は，直説法の現在時制 [Pres] と結びつき，現在時（発話時）におけるモダリティ（推量，予測，義務，許可など）を表す．これに対して，過去形の法助動詞は，過去時におけるモダリティを表す場合と，現在時におけるモダリティを表す場合がある．

過去形の法助動詞が，過去時のモダリティを表すのに用いられるのは，(81b) のような，過去時制の主節動詞句に埋め込まれた間接話法 (indirect speech) の従属節（いわゆる時制の一致の環境）や，(82) のように文脈全体が過去時をさしている場合など，比較的少数の環境に限定される．

(81) a. He {will / shall / can / may} come tomorrow.
b. I said he {would / should / could / might} come tomorrow.
c. She said he must go.
(82) I ran fast, but couldn't catch the bus.

(81b) の would は，現在の時点における未来の予測ではなく，主節の主語の発言 (saying) が生じた過去の時点における未来の予測である．また，

(81c) が示すように，must は現在形のままで他の過去形法助動詞と同じ働きをする．

このような例を除けば，過去形の法助動詞は，現在時におけるモダリティを表すのに用いられる．

(83) a. Could I see your driving license?
(Quirk et al. 1985, 233)
b. There could be something wrong with the light switch.
(*ibid.*)
c. I wonder if I might borrow some coffee? (*ibid.*)
d. Of course, I might be wrong. (*ibid.*)
e. Would you lend me a dollar? (*ibid.*)

これらは，発話時におけるモダリティを表し，対応する現在形よりも控えめな推測や丁寧な依頼などを表している．過去形でありながら現在時のモダリティをさす点で，仮定法過去と同じ用法である．

以上の点から，現在形の法助動詞は，直説法の現在時制 T_{Ind} [Pres] と結びついて，発話時のモダリティを表すと考えられる．一方，過去形の法助動詞は，直説法の過去時制 T_{Ind} [Past] と結びつき過去時のモダリティを表す場合と，仮定法過去の現在時制 T_{Hyp} [Pres] と結びつき発話時のモダリティを表す場合があると考えられる．T_{Ind} [Past] と T_{Hyp} [Pres] はともに過去形形態素 PAST をともなうので，法助動詞の形はいずれも過去形となる．

(84) a. 現在形法助動詞: T_{Ind} [Pres]-PRES + modal ⇨ 発話時のモダリティ
b. 過去形法助動詞:
（ⅰ）直説法過去の法助動詞: T_{Ind} [Past]-PAST + modal ⇨ 過去時のモダリティ
（ⅱ）仮定法過去の法助動詞: T_{Hyp} [Pres]-PRES + modal ⇨ 発話時のモダリティ

上記 (81c) の must は，過去時のモダリティを表しているので，(84b(ⅰ))

の直説法過去の法助動詞の一例と考えられる．この場合，must と結びつく過去形形態素 PAST は，形態的具現形をもたない抽象的形態素 φ であるので，現在形と同じ形態をもつと考えられる．また，should の場合，時制の一致の場合や，Which one shall I buy? / Which one should I buy? (いずれも聞き手にアドバイスを求めている)のような場合以外は，shall との対応関係が希薄である．したがって，should は，shall の過去形としての用法のほうが稀であり，独立した法助動詞としての用法のほうがより一般的であると言える．

以下では，法助動詞が現在時(発話時)のモダリティを表す場合に限定して，その特性を見よう．

3.5.2 認識様態用法と根源用法

法助動詞がもつ解釈は，大きく2種類に分けられる．1つは，認識様態 (epistemic: E) の解釈と呼ばれ，法助動詞を除いた命題内容が真である確率に対する話者の判断を表す．もう1つは，根源的 (root: R) 解釈と呼ばれ，義務や許可を表す義務的 (deontic: D) 解釈と，主語の能力・意志・傾向等々を表す動的 (dynamic: DY) 解釈が含まれる．一般に，法助動詞は認識様態の解釈と根源的解釈の両方が可能である．

(85) a. John must be married. (E: 必然性「違いない」)
   b. John must obey the order. (D: 義務「ねばならない」)
(86) a. He may be serious. (E: 推測「かもしれない」)
   b. He may stay here. (D: 許可)
(87) a. Can it be true? (E: 可能性「ありうる」)
   b. John can play the piano. (DY: 能力)
(88) a. It will rain tomorrow. (E: 未来予測)
   b. Will you have a drink? (DY: (主語の)意志)
(89) a. Unless the taxi comes soon we shall miss our plane. (E: 未来予測)
   b. You shall have a sweet. (DY: (話者の)意志)
(90) a. He should be there now. (E: (話者の規範による)必然性

「はずである」）
　　　b.　You should eat more fruit.　（D:（話者の規範による）義務「べきである」）

　たとえば，認識様態の解釈の (85a) では，'John is married' という命題に対して，話者は，談話の情報に基づいて，真であると結論できると判断している．ただし，談話から得られない情報のなかには，その命題が誤り（すなわち偽）であることを示すものが含まれている余地があるので，そのぶん，John is married. と述べるよりも，断定が弱められている．一方，根源的(義務的)解釈の (85b) では，for John to obey the order という出来事を実現させる義務があることを述べている．
　次節では，この2通りの解釈と文構造の関係を見ることにしよう．

3.5.3　法助動詞を含む文の構造

　法助動詞の認識様態の解釈と根源的解釈を説明するために，法助動詞を含む文に対して，それぞれの解釈に対応して2つの構造を仮定する分析と，解釈の相違に関係なく単一の構造を仮定する分析がある．2つの構造を仮定する分析では，法助動詞がもつ2つの解釈の相違が，文構造の相違に基づいて説明される (*cf.* Ross 1969; Perlmutter 1970, 1971)．この分析を古典的分析と呼ぶことにする．法助動詞の異なる解釈を構造の相違によって捉える古典的分析の1つの根拠として，態の交替にともなう解釈の変化の有無があげられる．

(91)　a.　The doctor must examine John.（義務）
　　　≠ b.　John must be examined by the doctor.
(92)　a.　John may visit Mary.（推測）
　　　= b.　Mary may be visited by John.

　根源的解釈の例 (91) で，能動態の (91a) では，義務を負うのは主語の the doctor であるが，受動態の (91b) で義務を負うのは，主語の John であると解釈される．これに対して，認識様態の解釈の例 (92) では，態の交替によって，このような解釈の相違が生ずることはない．

このような，態の交替にともなう解釈の変化に着目し，古典的分析では，根源的解釈の文に (93a) の構造を与える．一方，認識様態の解釈の文には，(94a) の構造が与えられる．(i や j は名詞句の指示 (reference) を表す指標 (index) であり，同じ指標をもつ名詞句は，同じ指示物 (referent) をさす．また，PRO は音声内容をもたない主語を表す.)

(93) a. 根源的解釈: Subject$_i$ Modal$_R$ [PRO$_i$ VP]
　　　b. The doctor$_i$ must [$_{VP}$ PRO$_i$ examine John]
(94) a. 認識様態の解釈: Subject Modal$_E$ [$t_{Subject}$ VP]
　　　b. John may [t_{John} visit Mary]

この分析によれば，根源的解釈では，主節の主語は法助動詞の主語として導入され，その意味役割 (semantic role) は法助動詞によって決定される．たとえば，(93b) では，the doctor は must の主語として導入され，must によりその意味役割が「義務を負う者」であることを決定される．さらに，主語の the doctor は，動詞句 examine John の音声内容をもたない主語 PRO と同一人物をさすと解釈されて，(93b) の解釈が決定される．一方，認識様態の解釈では，主語は一般動詞の主語として導入され，動詞によって意味役割を決定される．たとえば，(94b) で，John は動詞句 visit Mary の主語として導入され，その意味役割は訪問行為を行なう「動作主」(agent) であると決定される．主語は，IP の指定部に移動されるが，法助動詞は主語の意味役割の決定に関与しない．

(93) と (94) の分析は，それぞれ，コントロール (control) 構文の分析 (95) と，繰り上げ (raising) 構文 (96) の分析に対応するものであり，独立した根拠づけをもつ．

(95) a. The doctor wants [PRO to examine John].
　≠ b. John wants [PRO to be examined by the doctor].
(96) a. John seems [t_{John} to have visited Mary].
　= b. Mary seems [t_{Mary} to have been visited by John].

コントロール構文では，コントロール述語によって，主節の主語の意味役割が決定される．たとえば，(95) では，want によって，主節の主語が to

不定詞補文の出来事の実現を望む者であると決定される．したがって，補文が能動態の (95a) で診察を望んでいる人は the doctor であり，補文が受動態の (95b) で診察を望んでいる人は John であると解釈される．このようにして，コントロール構文では，補文の態の交替にともなって解釈が変化することが説明される．これに対して，繰り上げ構文の解釈には，そのような相違は見られない．これは，繰り上げ構文の主節の主語が，to 不定詞補文の主語として導入され，繰り上げ述語は主語の意味役割の決定に関与しないためである．たとえば，(96a, b) では，John と Mary の意味役割を決定するのは，いずれも不定詞補文の動詞 visit であり，繰り上げ述語の seem は主語の意味役割の決定に関与しない．したがって，補文の態が交替しても，John が訪問行為の「動作主」，Mary が訪問行為を受ける「被動作主」(patient) であることは変化しない．

このように，古典的分析では，根源的解釈と認識様態の解釈に，独立した動機づけをもつ異なる構造を与えることにより，2つの解釈の相違を捉える．この分析は，解釈の相違を構造上の相違に基づいて説明できる利点があり，生成文法における法助動詞の標準的な分析となっている．しかし，根源的解釈をコントロール分析によって説明しようとすると，次のような問題が生ずる．

第一に，根源的解釈で，態の交替がつねに解釈の変化をもたらすわけではない．

(97) a. Visitors may pick up flowers.（許可）
　　　　　　　　　　　　　　　(Jackendoff 1972, 105)
　　= b. Flowers may be picked up by visitors.
(98) a. The senior man must do the job.（義務）
　　　　　　　　　　　　　　　(Huddleston 1974, 228)
　　= b. The job must be done by the senior man.

これらの文では，態が交替しても解釈は変わらない．すなわち，(97a, b) では，許可を受けているのはいずれの文でも visitors であり，(98a, b) では，義務を負っているのはいずれの文でも the senior man である．

第二に，許可や義務の対象者が，つねに言語的に明示されるわけではない．たとえば次の例では，許可の対象者が，言語的に明示されていない．

(99) The cake may be eaten now.（許可） (Jenkins 1972, 21)

この文で述べられているのは，'the cake is eaten now' という命題全体が許可されているということであり，許可を受けているのが誰なのかは特定されていない．

第一と第二の問題は，根源的解釈において，法助動詞が決定するとされる意味役割「義務を負う者」，「許可をもつ者」などが，述語によって決定される概念ではなく，文脈に応じて語用論的に決定される概念であることを示している．

第三に，形式主語の there やイディオム表現の一部をなす名詞句は，繰り上げ述語の主語となることはできるが，コントロール述語の主語となることはできないという事実がある．

(100) a. There seem to have been three explosions on the boat.（繰り上げ構文）
　　　 b. *There intends to be an admiral on the committee.（コントロール構文）

しかしながら，これらの名詞句は根源的解釈の文の主語となることができるので，コントロールによる根源的解釈の分析と矛盾する．

(101) a. There must be peace and quiet!（義務）
　　　　　　　　　　　　　　　　　　　　　　(Newmeyer 1970, 195)
　　　 b. There must be a revolution.（義務） (Jenkins 1972, 23)
　　　 c. There may be singing but no dancing on my premises.（許可） (Warner 1993, 16)
　　　 d. There may be up to five cars in the lot at one time.（許可）
　　　　　　　　　　　　　　　　　　　　　　(Brennan 1993, 41)
　　　 e. Suit must be brought at once against A. T. & T.（義務）
　　　　　　　　　　　　　　　　　　　　　　(Jenkins 1972, 31)

これらの事実は，根源的解釈の法助動詞は，コントロール述語の特性ではなく，繰り上げ述語の特性をもつことを示唆している．このほか，根源的解釈の古典的分析の批判としては，Newmeyer（1970），Jenkins（1972），Huddleston（1974），Kaneko（1997），金子（1999），Wurmbrand（1999），Papafragou（2000）を参照．

以上から，古典的分析とは異なり，法助動詞は，認識様態の解釈の場合も根源的解釈の場合も同一の構造をもつ，すなわち繰り上げ述語として分析し，解釈の相違は語用論の問題として説明するのがよいと思われる．したがって，法助動詞構文の主語は（102）に示すように，主動詞のVP指定部に生成され，IP指定部へ繰り上げられると考える．

(102) [$_{IP}$ Subject I [$_{\Sigma P}$ Σ [$_{ModP}$ Modal [. . . [$_{VP}$ $t_{Subject}$ V . . .]]]]

このように，法助動詞を含む文は，（102）の構造をもつと考えられる．次節では，この単一の構造を仮定して，法助動詞の根源的解釈がどのように説明されるかを見よう．

3.5.4 法助動詞の根源的解釈

法助動詞を含む文に単一の構造を与える分析では，認識様態の解釈と根源的解釈の間の相違は，どのように説明されるのであろうか．上述のように，根源的解釈には，態の交替にともなう解釈の変化が生じ，認識様態の解釈にはそのような変化が生じないのであった．

(103) a. The doctor must examine John.（義務）(= (91a))
　　 ≠ b. John must be examined by the doctor. (= (91b))
(104) a. John may visit Mary.（推測）(= (92a))
　　 = b. Mary may be visited by John. (= (92b))

単一の構造に基づく分析では，いずれの解釈の法助動詞も繰り上げ述語として分析するので，根源的解釈で態の交替によって解釈が変わることを，構造の相違として捉えることはできない．したがって，（103）の例に観察される解釈の変化が，いかにして生ずるのかを説明しなければならない．

Jenkins (1972, 2–3, 16–24) によれば，根源的解釈には2通りの解釈が可能である．たとえば，(105) には，(106a) と (106b) の解釈が可能である．

(105) The doctor may examine John. (許可)
(106) a. I give permission for the doctor to examine John. (命題型)
b. I give the doctor permission to examine John. (個体型)

(106a) では，'for the doctor to examine John' という命題が許可されていることが述べられており，許可の受け手は明示されていない．この解釈を，命題型の解釈と呼ぶことにする．一方，(106b) では，to examine John が許可の内容であることに加えて，許可の受け手が the doctor であることが特定されている．この解釈を，個体型の解釈と呼ぶことにする．(105) を受動態に変えると (107) になる．

(107) John may be examined by the doctor. (許可)
(108) a. I give permission for John to be examined by the doctor. (命題型)
b. I give John permission to be examined by the doctor. (個体型)

命題型の解釈 (108a) は，(106a) と同じ解釈である．これに対して，個体型の解釈 (108b) では，許可の受け手が John であり，許可の受け手が the doctor である (106b) と解釈が異なる．

このように，態の交替によって解釈が変化するのは，個体型の根源的解釈であり，命題型の解釈では態の交替による変化は生じない．根源的解釈の基本的解釈は，命題型の解釈であると考えられる．そのように考える根拠として，個体型の解釈があてはまる場面は，命題型の解釈があてはまる場面の一部として含まれる点があげられる．たとえば，(109)(=(105)) を見よう．

(109) The doctor may examine John. (許可)
(110) a. I give permission for the doctor to examine John. (命題型)
b. I give the doctor permission to examine John. (個体型)

(110b) がなりたつ場面では，つねに (110a) もなりたつ．(このような場合，(110a) が (110b) を含意する (imply) と言う．) 逆に，(110a) がなりたつからといって，(110b) がなりたつとは限らない．許可の受け手が the doctor ではない場合も，存在するからである．言い換えると，(109) が用いられる場面では，命題型の解釈(110a) がつねになりたつのに対して，個体型の解釈(110b) がなりたつとは限らない，ということである．

このように，根源的解釈の基本的解釈は，命題型の解釈であると考えられる．そして，個体型の解釈は，言語使用にかかわる語用論の仕組みによって派生的に得られる解釈であると考えられる．根源的解釈の許可や義務の意味は，「許可する」あるいは「義務を課す」という行為と結びついている．ここで，「許可する行為」や「義務を課す行為」の概念を，「許可・義務の源(許可・義務を与える人)」から，「許可義務の行き先(許可・義務を与えられる人)」へ，「許可・義務命題」が移動するプロセスとして考えよう．

(111) 許可・義務の移動の概念構造 (X: 許可・義務の源，Y: 許可・義務の行き先，Z: 許可・義務命題)

$$X \longrightarrow \boxed{Z} \longrightarrow Y$$

「許可・義務命題」は，文の表示から得られるが，「許可・義務の源」と「許可・義務の行き先」に関する情報は，(111) の構造に基づいて談話の状況から推論され，命題型の意味に追加される．たとえば，下記の例を見よう．

(112) John must [$_{VP}$ t_{John} stay out of the room].

(112) の表示により，義務を課する行為があることと，義務命題 (= Z) が 'for John to stay out of the room' であることが決定される．これが命題型の解釈である．さらに，(111) の概念構造には「義務の源」(= X) と「義務の行き先」(= Y) が存在するので，談話の状況からもっともふさわしい人物が割り当てられる．典型的には，「義務の源」として話者が，「義

務の行き先」として義務行為を行なう John が選択される．しかし，この推論は談話の状況に依存するので，推論の結果がつねに一定であるわけではない．たとえば，John が人の名前ではなく犬の名前であるとしよう．その場合，犬は義務を負う存在としてはふさわしくないので，「義務の行き先」として選択されない．それにかわって，たとえば John の飼い主が「義務の行き先」として選択される．

このように，根源的解釈の基本的解釈は命題型の解釈であり，「許可を受ける人」や「義務を負う人」などは語用論的に決定されて，基本的解釈に追加される概念として説明される．なお，根源的解釈と認識様態の解釈の関係に関する議論としては，Kratzer (1981, 1991), Klinge (1993), Kaneko (1997), 金子 (1999), Papafragou (1998, 2000) を参照．

3.5.5 法助動詞の作用域現象

法助動詞は，法演算子（modal operator）として扱われる量化表現の1つである．したがって，some や every など他の量化子（数量詞）との作用域 (scope) の関係が問題となる．まず，法助動詞と数量詞を含む主語との関係を見よう．一般に，繰り上げ述語と数量詞を含む主語は，作用域に関して多義性を示す (*cf.* May 1985)．（A > B は，A の作用域が B の作用域よりも広いことを示す．）

(113)　Someone from New York is likely to win in the lottery.
　　　　　　　　　　　　　　　　　　　　　　　　（Wurmbrand 1999, 8）
(114)　a.　There is somebody from New York, and it is likely that he will win the lottery.（somebody from N.Y. > likely）
　　　　b.　It is likely that somebody from New York will win the lottery.（likely > somebody from N.Y.）

繰り上げ構文 (113) は，(114a) と (114b) の2通りの解釈が可能である．(114a) では，somebody from New York が繰り上げ述語 likely よりも広い作用域をもち，somebody from New York は，特定の個人の存在が前提とされる特定的 (specific) 解釈を受ける．これに対して，(114b) では

likelyが広い作用域をもち，somebody from New Yorkが指示する人物の存在は前提とされず，非特定的 (non-specific) 解釈を受ける．

　法助動詞を繰り上げ述語とする分析に従えば，(113) の繰り上げ構文の場合と同様に，数量詞を含む主語に対して，作用域が狭い解釈と広い解釈が存在すると予測される．まず，認識様態の解釈の場合，予測どおり，数量詞を含む主語に対して，作用域が狭い解釈と広い解釈が存在する (*cf.* Brennan 1993; Wurmbrand 1999)．たとえば，(115) には，(116a, b) の2通りの解釈の可能性がある．(ただし語用論的理由から，(116b) の解釈が自然である (Wurmbrand 1999)．また，認識様態の解釈での法助動詞の狭い作用域に否定的な見解としては，McDowell (1987) を参照．

(115) Somebody from New York must have won in the lottery. (必然性) 　　　　　　　　　　　　　　　　(Wurmbrand 1999, 9)
(116) a. There is somebody from New York and in view of the evidence available it is necessarily the case that he won the lottery. (somebody from N.Y. > must)
　　　b. In view of the evidence available it is necessarily the case that somebody from New York won the lottery. (must > somebody from N.Y.)

　次に，根源的解釈を見よう．義務的解釈の場合は，予測どおり，数量詞を含む主語に対して，狭い作用域と広い作用域の両方の可能性が存在する (*cf.* Brennan 1993; Wurmbrand 1999)．

(117) Two Austrian skiers must win the next race (in order for either of them to win the World Cup). (義務)
　　　　　　　　　　　　　　　　　　(Wurmbrand 1999, 10)
(118) a. There are two Austrian skiers and for each of them it is necessary to win the next race. (two Austrian skiers > must)
　　　b. #It is necessary that two Austrian skiers win the next race. (must > two Austrian skiers)
(119) An Austrian skier must win the next race (in order for Austria

　　　　　　 to have the most gold medals).（義務）
(120)　a.　(#)There is an Austrian skier and it is necessary that he win
　　　　　　 the next race.（an Austrian skier > must）
　　　　b.　It is necessary that an Austrian skier (whoever it is) win
　　　　　　 the next race.（must > an Austrian skier）

(118)では，通例，1つの競技に勝者は1人なので，(118b)の解釈は奇妙であり，mustが狭い作用域をもつ(118a)の解釈が自然である．一方，(119)では，1国が最多数の金メダルを獲得するために，かならずしも特定の1人の競技者が金メダルを獲得する必要はないので，(120a)の解釈は奇妙であり，mustが広い作用域をもつ(120b)の解釈が優先される．
　このように，認識様態の解釈の場合と，根源的解釈の義務的意味の場合には，予測どおりの振る舞いを示す．これに対して，根源的解釈の動的意味の場合，数量詞を含む主語が法助動詞よりも広い作用域をもつ解釈のみが存在する（cf. Brennan 1993）．

(121)　a.　#Every radio can get Chicago stations and no radio can get
　　　　　　 Chicago stations.（能力）　　　（Brennan 1993, 34）
　　　　b.　All the radios are such that it's possible that they get Chi-
　　　　　　 cago stations and none of them are.（every radio > can; no
　　　　　　 radio > can）（矛盾）

(121a)では，数量詞を含む主語 every radio と no radio が，can よりも広い作用域をもつので，(121b)に示す矛盾した解釈をもち，意味的に変則である．
　動的解釈の場合に，数量詞を含む主語が法助動詞よりも広い作用域をもつのは，動的解釈の意味特性による．動的解釈の文は，主語を主題(topic)とし，法助動詞を含む述部が主題に対する叙述(predication)を行なう構文の一種と考えられる．たとえば，次の例を見よう．

(122)　　[John]　[can play the piano].（能力）
　　　　　 主題　　　 述部

(122) は，主語の John を主題とし，「ピアノをひく能力」によって John の特徴づけを行なっている．このような叙述構文では，主語が，主題として述部の外部で解釈されるので，述部内に存在する法助動詞の作用域に入らない．したがって，主語が数量詞を含む場合，主語の作用域が法助動詞の作用域よりも広い解釈を受ける．動的解釈と量化表現に関しては，Brennan (1993) と金子 (1999) を参照．

次に，否定辞と法助動詞の作用域関係を見よう．一般的に言えば，法助動詞が広い作用域をもつ場合と，否定辞が広い作用域をもつ場合がある．

(123) a. You may not leave.（許可）(not > may)
b. You may nót come.（許可）(may > not)

(123a) では，may が not の作用域内にあり，may が否定されるので，許可の意味が否定されて，禁止の意味になる．これに対して (123b) では，may が広い作用域をもち，not は命題内容の 'you come' を否定する．結果的に，「来ない」ことを許可するので，「来なくてもよい」という解釈になる．

しかし，個々の法助動詞について見ると，not に対していずれかの作用域関係のみを許すことが少なくない．たとえば must は，根源的解釈でも認識様態の解釈でも，not よりも広い作用域をもつ．

(124) a. You mustn't take him too seriously.（義務）(must > not)
b. He mustn't be there after all.（必然性）(must > not)

(124a) では，must は否定されず，not は命題 'you take him too seriously' を否定する．したがって，(124a) は「彼の言うことをまじめにとりすぎない」ことを義務とするので，結果的に，「まじめにとりすぎてはいけない」という禁止の解釈になる．(124b) でも，not が否定するのは命題内容であり，「～でないに違いない」を表す．これに対して，can't ではつねに can が否定される．

(125) a. You can't leave now.（許可）(not > can)
b. John can't be in his office.（可能性）(not > can)

(125a) では can が否定され，許可の否定，すなわち禁止を表す．(125b) でも，can が否定され，可能性の否定である「ありえない」を意味する．ただし，can と not が分離されている場合，can が not よりも広い作用域をもつことができる．

(126)　You can come or you can nót come, as you wish.（許可）
(Palmer 1990, 77)

(126) の not は命題内容の 'you come' を否定しており，「(来てもいいし)来なくてもいい」という意味である．法助動詞と否定に関する分析には，太田 (1980)，Palmer (1990)，De Haan (1997) などがある．このほか，法助動詞の包括的研究には，Quirk et al. (1985)，Palmer (1990) などがある．

3.6　ま　と　め

　直説法，命令法，仮定法現在，仮定法過去のムードの区別は，CP の主要部 C の素性の相違として捉えられる．そして，それぞれのムードをもつ節の特徴は，IP の主要部 I の内部特性に基づいて説明される．直説法以外のムードでは，叙述内容がそのまま事実として述べられるのではなく，叙述内容に対する話者(あるいは主節の主語)の心的態度が表現されている．同様に，モダリティ表現は，叙述内容に対する話者の心的態度を表現している．

第 4 章　相

　本章では，相（aspect）にかかわる機能範疇の特質を考察する．相とは，動詞の表す事象（event）の性質や様態，およびそれを示す文法形式で，第2章で論じた時制が，ある1つの事象と別の事象との時間関係を述べるものであるのに対して，相は，ある1つの事象の内部の時間構成を述べたものである（Comrie 1976, 3）．具体的には，動詞の表す行為が「始まったところ」（inchoative）か，「その途中」（durative）か，「完了した」（telic）か，「未完了」（atelic）か，などを述べたものである．まず，相の基本的な特徴を整理しよう．

4.1　相の基本的性質

　Vendler（1967）によれば，動詞は次の4種類の相に分類される．

（1）　a.　状態 (states): know, believe, desire, love, etc.
　　　b.　活動 (activities): run, walk, swim, push (a cart), drive (a car), etc.
　　　c.　到達 (achievements): recognize, spot, find, lose, reach, die, etc.
　　　d.　達成 (accomplishments): paint (a picture), make (a chair), etc.

　動詞のもつこれら4種類の相を，事象構造をもとに定義しよう．事象構造（event structure）とは，語の意味を相を中心に表示したもので，後に述べるように，語彙概念構造や項構造を構成するもとになる構造である．

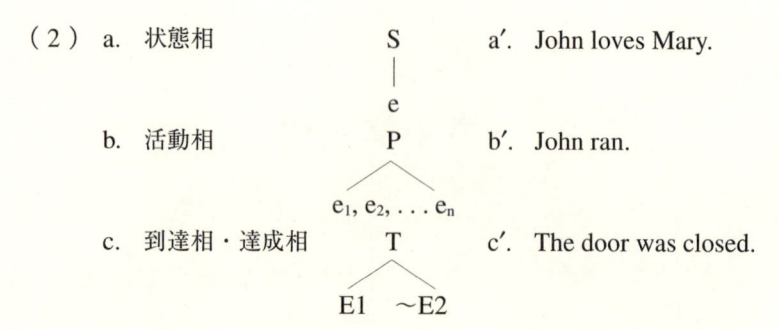

（ 2 ） a. 状態相　　　　　　　S　　　a′. John loves Mary.
　　　　　　　　　　　　　　｜
　　　　　　　　　　　　　　e
　　　　b. 活動相　　　　　　　P　　　b′. John ran.
　　　　　　　　　　　　　　／＼
　　　　　　　　　　　　$e_1, e_2, \ldots e_n$
　　　　c. 到達相・達成相　　　T　　　c′. The door was closed.
　　　　　　　　　　　　　　／＼
　　　　　　　　　　　　　E1　〜E2

　まず，状態相は，（2a）に見られるように，単一の事象（e）と定義される．たとえば，（2a′）の状態文では，John が Mary を愛しているという状態（State: S）の事象が表されているが，そこでは，いつ愛するようになったかとか，愛さなくなったのかといった，始まりや終わりの時間的な境界は表されていない．これは，愛するという状態が，単一の境界のない事象を表すためである．この意味で，状態相は単一の事象と定義される．
　第二に，活動相は，（2b）に見られるように，同じタイプの過程の事象の連続（$e_1, e_2, \ldots e_n$）と定義される．たとえば，（2b′）の文では，John が run する過程（Process: P）の事象が表されているが，この走るという事象は，run する体の動きの事象が連続的に繰り返されることで成立する．この意味で，活動相は，同じタイプの事象の連続と定義される．
　第三に，到達相と達成相は，（2c）に見られるように，相反する 2 つの事象（E1，〜E2）から構成され，全体として推移（Transition: T）の事象を形成すると定義される．たとえば，（2c′）の文は，the door が close する状態変化の推移事象を表しているが，この推移事象は，closed でない事象と closed である相反する事象から構成され，全体として the door が close する状態変化の推移事象を表している．この意味で，達成相も到達相もともに，2 つの事象から構成される状態変化の推移事象と定義される．
　達成相と到達相は，ともに過程（E1）と 結果状態（Resultant State: RS）（〜E2）の事象から構成されるが，どちらの事象に際立ちがあるかという違いによって区別される．つまり，到達相は結果状態の事象に際立ちがあ

る一方，達成相は動作の過程の事象に際立ちがある．この事象の際立ちは，事象に * という記号をつけることで表される (*cf.* Pustejovsky 1995, 73)．

(3) a. ［E1* < ～E2］— build（達成）
b. ［E1 < ～E2*］— arrive（到達）

たとえば，build という達成動詞は，(3a) に表されているように，build する過程の事象 (E1) に際立ち (*) があり，その事象は build された結果状態の事象 (～E2) に先行する (<) ので，E1* < ～E2 という事象構造で表される．一方，arrive という到達動詞は，(3b) で表されているように，到達するまでに行なわれた過程の事象 (E1) には際立ちがなく，それに続く結果状態の事象 (～E2) に際立ちがあるので，E1 < ～E2* という事象構造で表される．そして，この事象の際立ちには (4) の原則が働き，際立ちをもつ事象は，事象にかかわる副詞を認可するという特徴をもつ (*cf.* Pustejovsky 1995, 74)．

(4) 事象修飾の認可条件: 事象を修飾する副詞は，際立ちのある事象を修飾する．

この事象修飾の認可条件により，到達動詞を含む文に，for two days などの事象の長さを明示する副詞表現が生じた場合，(5a) に見られるように，その副詞は結果状態のみを修飾する．これは，到達動詞には (3b) に見られるように，結果状態に際立ちがあるためである．

(5) a. My terminal died for two days.（到達）
b. *John built a house for ten years.（達成）
c. John built a house carefully.（達成）
d. *John died carelessly.（到達）

到達動詞 die を含む (5a) の文では，for two days が際立ちのある結果状態の事象を修飾し，端末が働かない期間が 2 日間であったことを意味する．これとは対照的に，達成動詞 build は過程の事象に際立ちがあるので，for ～ などの副詞表現が生じた場合，その副詞表現は結果状態の事象を修

飾することができない．たとえば (5b) の文で，for ten years という副詞表現は，家が建った結果状態の事象を修飾することができない．

一方，達成動詞 build は過程の事象に際立ちがあるので，事象修飾の認可条件により，その過程の事象を，carefully, attentively という様態の副詞で修飾することが可能である．たとえば (5c) の文は，carefully が過程の事象を修飾し，家を建てる過程が注意深かったことを表す．これとは対照的に，到達動詞 die は過程の事象に際立ちがないので，たとえば，(5d) の文では，carelessly といった様態の副詞が死ぬ過程の事象を修飾することはできない．

以上をまとめると，まず状態相は，単一の事象から構成され，状態というタイプの事象をもつ．活動相は，同一の過程タイプの連続する事象をもつ．到達相は，過程と状態の事象から構成され，状態変化の推移という事象をもつ．さらに，到達相は結果状態に際立ちをもつ．達成相も，過程と状態の事象から構成され，過程の事象のほうに際立ちをもつ．このように，相は事象構造の基本単位である過程と状態の事象から構成される．

この事象構造が，語彙概念構造 (lexical conceptual structure) や項構造 (argument structure) とどのような関係をもつかについてふれておくと，語彙概念構造は，(6a) に見られるように事象構造をもとに形成され，その語彙概念構造から項構造が形成される，という関係をもつ．

(6) a. 事象構造 → 語彙概念構造 → 項構造
　　 b. The door closed.
　　 c. 事象構造:　　　　　Transition
　　　　　　　　　　　┌──────┴──────┐
　　　　　　　　　Process　　　　　State
　　　　　　　　　　│　　　　　　　　│
　　　　　　[～closed (the door)]　closed (the door)]
　　 d. 語彙概念構造: BECOME ([closed (the door)])
　　 e. close (the door)
　　 f. 内項写像の原理: 相反する状態変化事象の参与者は，内項に写像される．

たとえば，(6b) の The door closed. という文は，(6c) に表されるように，the door の closed でない事象と closed である事象から構成されるが，この２つの事象が，(6d) のように，語彙概念構造で状態変化を表す BECOME という意味関数に翻訳される．語彙概念構造では，the door が closed な状態に変化することが表されているが，この語彙概念構造が，(6e) に見られるように，最終的には close という動詞の項構造に写像（mapping）される．この項構造では，the door が，close という動詞の内項であることが表されているが，このように the door が内項に写像されるのは，(6f) の内項写像の原理による．つまり，状態変化事象の参与者は，項構造において内項に写像されるのである (*cf.* Pustejovsky 1991)．

4.2 相の判別方法

以上，動詞のもつ４つの相の基本的特徴を概観したが，これらの状態，活動，達成，到達の４種類の相は，いくつかのテストによって判別することができる．まず，What happened? というテストを見よう．この問いに答えられるのは，(7) に示されるように，到達，活動，達成の相をもつ文だけである．

(7) What happened?
  a. *She knew the answer. （状態）[− Process]
  b. She found her pen. （到達）[+ Process]
  c. She swam. （活動）[+ Process]
  d. She painted a picture. （達成）[+ Process]

これは，到達相，活動相，達成相の動詞には，過程の事象が含まれているのに対して，状態相の動詞には，そのような事象が含まれていないことによる．つまり，happen という動詞は過程の事象をもち，それをもたない状態相の述部とは整合しないので，What happened? という問いに答えることはできないのである．

次に，in an hour というテストを見よう．この副詞表現と共起可能であるのは，(8) に見られるように，到達と達成の相をもつ文である．これは，in an hour が，過程事象が始まった時刻から結果状態の生じた時刻

までの，完了した事象の長さを表すためである．

(8) a. *She knew the answer in an hour. (状態) [State]
    b. She found her pen in an hour. (到達) [Process, State*]
    c. *She swam in an hour. (活動) [Process]
    d. She painted a picture in an hour. (達成) [Process*, State]
    e. in 〜 の修飾要素：[Process, State]

達成と到達の2つの相は，過程と状態の事象をもつので，in an hour という副詞表現と共起可能となる．この共起可能性は，(8e) のように，in 〜 の副詞表現が「過程＋状態」という状態変化の事象を選択するという形で表現される．

活動相の動詞や状態相の動詞は，「過程＋状態」の事象をもたないので，in an hour という副詞表現と共起不可能となる．たとえば，(8a) の know という状態動詞と (8c) の swim という活動動詞は，継続可能な未完了の事象を表すので，「過程＋状態」の事象を選択する in an hour という副詞表現と共起不可能である．一方，(8b) の到達動詞 find は，探す過程の事象と見つかる結果状態の事象をもつので，in an hour と共起可能である．さらに，paint という達成動詞は，(8d) のように，絵を描く過程の事象と絵を描き終わる状態の事象から構成されるので，絵を描き始める時刻からその絵ができ上がるまでの時刻を in an hour という副詞表現で表すことができる．このように，事象の完了を表す「過程＋状態」の事象をもつものだけが，in an hour という副詞表現と共起可能である．

さらに，for an hour というテストを見よう．この副詞表現は，in an hour が完了した事象を修飾するのとは異なり，未完了の過程か状態の事象の継続時間を表す．そして，この for 〜 によって修飾されるのは，(4) の事象修飾の認可条件により，際立ちのある事象に限られる．つまり，活動相，状態相，到達相，達成相のすべてが for an hour による修飾が可能であるが，その修飾される事象が異なるのである．次の具体例を見よう．

(9) a. She stayed home for an hour. (状態) [State]
    b. John ran home for an hour. (到達) [Process, State*]

c. She swam for an hour.（活動）[Process]
d. She painted a picture for an hour.（達成）[Process*, State]

(9b) の到達動詞 run home は，結果状態に際立ちがあるので，for an hour がその結果状態を修飾し，John が家にいる状態が1時間続いたという解釈をもつ．一方，(9d) の達成動詞 paint は過程に際立ちがあるので，絵を描く過程が1時間続いたという解釈をもつ．さらに，(9a) の状態動詞 stay は，for an hour がその状態の事象を修飾し，家にいた時間の長さが1時間であったと解釈され，(9c) の活動動詞 swim を含む文は，for an hour が過程の事象を修飾し，泳いだ時間が1時間であったと解釈される．

以上の，相を判別するテストをまとめると，まず，What happened? という問いに答えられる活動，達成，到達の相は，過程という事象を含む．次に，in an hour によって修飾可能な到達と達成の相は，「過程＋状態」の推移事象を持つ．そして，for an hour によって修飾される事象は，過程か状態の未完了の事象で，到達相と達成相の場合には，際立ちがある事象が修飾される．

4.3 Small v の特徴

この節では，これまで見てきた相が，最近の生成文法でどのように取り扱われるかを考察する．まず，機能範疇が最近の生成文法でどのように扱われるかを整理しておこう．

Chomsky (1995) は，機能範疇として，補文標識の C，時制の T (= 第1章の I に相当)，small v (以下 v と表記し，語彙範疇である動詞 V と区別する)，決定詞の D を認めている．T は時制の解釈をもち，D は指示性 (referentiality) の解釈にかかわり，C は肯定文や疑問文といった文のタイプに関する法 (mood) の解釈をもつ．v はそれ自体では解釈をもたないが，その指定部に生じる名詞句が，動作主や経験者といった一定の意味役割を担うという特徴をもつ．具体例として，(10a) の構造 (10b) を見よう．

(10) a. John wondered who Mary kissed.

b. John wondered [$_{CP}$ who C [$_{TP}$ Mary T [$_{vP}$ Mary v [$_{VP}$ kissed
　　　　　　　　　　　　　｜　　　　　　｜　　　　　　　｜
　　who]]]]　　　　　　[+WH]　　　[+Nom]　　　[Agent]
　　　　　　　　　　　　　　　　　　　　　　　　　[+Acc]

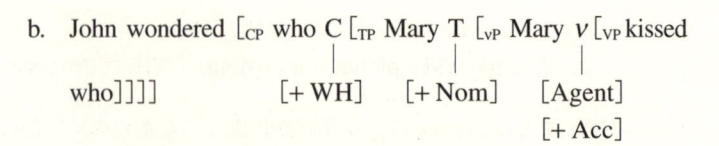

　この構造において，補文は次のように生成される．まず，補文の動詞 kissed は目的語である who と融合 (merger) し，動詞句 (VP) を形成する．次に，その動詞句は v と融合し，その指定部に動作主の Mary が融合され vP が形成される．さらに，その vP と時制 (T) が融合され，その指定部に主語の Mary が移動され，TP が形成される．最後に，TP が補文標識 (C) と融合され，その指定部に who が移動し，CP が形成される．
　これらの機能範疇 (C, T, v) の特徴として，素性の照合 (checking) をあげることができる．つまり，機能範疇は，素性に関してプラスの値をとる場合，同じ値をもつ名詞句など別の要素と，その指定部の位置で素性の照合を行なう．たとえば，上の文において，主節の動詞 wonder は疑問形の補文を選択するので，C が [+WH] という素性をもつ．そして，C のもつ [+WH] 素性は，その指定部の位置にある who がもつ [+WH] 素性によって照合される．さらに，時制のTは，主格 (Nominative: Nom) の素性をもち，Tの指定部位置にある Mary の主格素性によって照合される．さらに，v は対格 (Accusative: Acc) 素性をもち，その素性は who の対格素性と照合される．アイスランド語などでは，目的語が v の指定部の位置で対格の照合が行なわれるが，英語では，いわば目に見えないかたちで v と目的語の対格の照合が行なわれると考えられている．
　ここで，機能範疇 v を仮定する統語的な証拠を見よう．

(11) a. John had *deliberately* rolled the ball *gently* down the hill.
　　　b. *John had *gently* rolled the ball *deliberately* down the hill.
　　　　　　　　　　　　　　　　　　　　　　　(Radford 1997, 372)
　　　c. John$_i$ had [$_{vP}$ t_i v *deliberately* [$_{VP}$ rolled the ball *gently* down the hill]].
　　　d. *John$_i$ had [$_{vP}$ t_i *gently* [$_{VP}$ rolled the ball *deliberately* down the hill]].

(11a) の文には，deliberately と gently という 2 つの様態の副詞が生じているが，前者の deliberately は，the ball を roll する動作を行なう動作主の様態を修飾するのに対して，後者の gently は，the ball の roll する様態を修飾している．この事実は，(11c) に見られるように，*v*P の構造を仮定することにより説明可能となる．つまり，副詞 deliberately は，動作主の解釈と結びつく *v* の投射内に位置して *v* を修飾し，一方，副詞 gently は，roll という V の投射内に位置して動詞 roll を修飾している．この考え方によれば，(11b) の非文法性は次のように説明できる．(11d) に見られるように，副詞 deliberately が，本来それが修飾すべき *v* とは異なる V の投射内に生じているため，*v* を修飾することが不可能となり，非文法性が生じている．この事実は，機能範疇の *v* を仮定する根拠の 1 つと考えられている．

v のもつ特徴を見ると，その特徴は次のようにまとめることができる．

(12) (i) VP と融合し，その指定部に主語を融合して *v*P を形成する．
(ii) *v*P 指定部の名詞句には，一定の意味役割が付与される．
(iii) 他動詞における動詞の目的語の対格を照合する．

(12i) に述べたように，*v* は，動詞句と融合し，その指定部に主語の名詞句を融合し，*v*P を形成する．たとえば (11c) において，*v* は rolled the ball gently down the hill という動詞句と融合し，その指定部に John を融合し，*v*P を形成している．

次に，(12ii) は，*v*P の指定部に生じる名詞句が，ある一定の意味役割を担うことを述べている (*cf.* Chomsky 1995; Hale and Keyser 1993)．たとえば，動詞が過程事象を表す場合，(13a) に見られるように，主語名詞句は動作主 (Agent) の意味役割をもち，動詞が物の状態変化を表す場合，主語名詞句は (13b) に見られるように，原因 (Cause) の意味役割をもつ．

(13) a. *John* kissed Mary.（動作主）
b. *The wind* broke the window.（原因）

c. *John* knows the answer.（経験者）
d. John jumped. / John made a jump. / John deliberately jumped.
e. John came. / *John made a come. / *John deliberately jumped.

一方，動詞が状態を表す場合，主語名詞句は (13c) に見られるように，経験者 (Experiencer) の意味役割をもつ (*cf.* Kratzer 1996).

自動詞文でも，(13d) に見られるように，他動詞形をもつ非能格動詞 (unergative verb) は，νP 構造をもつと考えられている．そのため，(11) で見た deliberately などの ν を修飾する副詞と，共起可能となる．一方，(13e) に見られるような非対格動詞 (unaccusative verb) の場合には，νP 構造をもたないと考えられている．そのため，deliberately などの ν を修飾する副詞と共起できない．

最後に，(12iii) の特徴を見よう．(13a–c) に見られるように，他動詞文は目的語の名詞句をもち，その対格は ν によって照合される．この目的語の対格素性の照合は，意味的には相の解釈と密接に結びついている．この点を次に考察しよう．

4.4 アスペクト句の特徴

Borer (1994) によれば，文には相を指定するアスペクト句 (Aspect Phrase: AspP) という機能範疇が存在し，それは，次に見られるように動詞句の上に投射される．

(14) [$_{AspP}$ [$_{VP}$ V DP]]

このアスペクト句は，次の特徴をもつ．

(15) (i) 文の相を指定し，
 (ii) 目的語の対格を照合する．

Borer によると，(16a) の文は，(17a) の構造をもち，目的語の the house が，アスペクト句の指定部に移動して，対格の照合が行なわれる．

(16) a. John destroyed the house in / *for an hour.
　　 b. John destroyed houses for / *in an hour.
(17) a.　[$_{AspP}$　[$_{VP}$ destroy the house]]
　　　　[＋EM]
　　 b.　[$_{AspP}$　[$_{VP}$ destroy houses]]
　　　　[－EM]

アスペクト句は，文の表す事象が完了しているかどうかの尺度を表す (Event Measurement: EM) という指定をもつ．尺度とは，文の表す事象がどのくらい進行したかを知る目安という意味で，この [EM] が存在する場合，文は完了相をもつ (尺度に関しては 7.3 も参照)．たとえば，文 (16a) の表す事象が完了したか否かは，家を見ればわかる．つまり，家が壊れた時点で destroy the house という事象は完了する．この意味で the house は，destroy という事象の尺度となっている．この尺度という意味役割は，(17a) に見られるように，目的語の the house をアスペクト句の指定部に移動することによって付与される．

一方，目的語に無冠詞複数名詞句が生じる文 (16b) は，(17b) の構造をもつ．この場合，アスペクト句は [－EM] という指定をもち，文は未完了相をもつ．そして，目的語の houses はアスペクト句に移動せず，目的語に尺度の意味役割は付与されない．この無冠詞複数名詞句の houses は，動詞 destroy に編入 (incorporate) することで統語的に認可される．(この編入という操作は，X^0 への付加操作であり，複合述語を形成する機能をもつ．編入に関しては，Baker (1988) を参照．)

このように目的語が編入を受ける場合，相が未完了となるのは一般的な現象である．次の例を見よう．

(18) a. Jill mixed the stew for / in hours.
　　 b. stew-mixing for / *in hours
　　 c. Jill mixed the stew completely.
　　 d. *Stew-mixing completely is fun.
　　　　　　　　(Di Sciullo and Tenny 1998, 384, 386)

(18b) では，目的語である stew が mixing に編入され，複合語を形成し

ている．この場合，語全体は未完了相となり，完了の副詞表現 in hours と共起不可能となる．(18d) では，複合語が，事象の完了を意味する副詞 completely と共起不可能となっている．ここから，目的語が編入の操作を受けると，全体が未完了の相をもつと考えられる．

以上，意味的な概念である相が，最近の生成文法においてどのように統語的に分析できるかを見た．その内容をまとめると，目的語が the house の場合に文が完了相をもつのは，目的語が，アスペクト句の指定部で対格を照合され，その指定部の位置で，事象の完了にかかわる尺度の意味役割を付与されるためである．一方，目的語が houses の場合に文全体が未完了相をもつのは，目的語が動詞に編入され，アスペクト句で尺度の意味役割を付与されないためである．(アスペクト句については，Travis (2000) も参照.)

4.5 対格と相

Chomsky (2001) では，対格の名詞句が ν やアスペクト句といった機能範疇を介さずに，動詞と直接に対格素性を照合する可能性が示唆されている．本節では，機能範疇を介さずに，どのように相が決定できるかを考察する．

(19) a. John destroyed the house in / *for an hour.
　　 b. John destroyed houses for / *in an hour.
　　 c. 　　　(Process, State) & in an hour:〈過程＋状態を選択〉

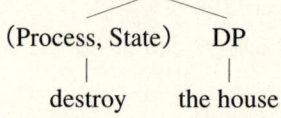

　　　　(Process, State)　　DP
　　　　　　│　　　　　　　　│
　　　　　destroy　　　　the house

　　 d. 〈過程または状態を選択し，過程または状態を投射〉
　　 e. 　　　(Process) & for an hour:〈過程または状態を選択〉

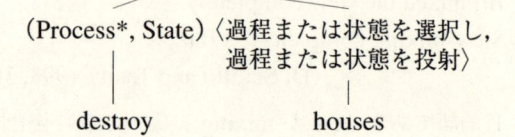

　　　　(Process*, State)〈過程または状態を選択し，
　　　　　　│　　　　　　　　過程または状態を投射〉
　　　　　destroy　　　　　　│
　　　　　　　　　　　　　　houses

f.　for 〜 修飾要素：［過程または状態］

(19a) に見られる，本来は完了相である destroy という動詞に，the house という対格名詞句が生じると，文全体はそのまま完了相となり，in an hour という完了の副詞表現と共起する．これは，次の原則による．

(20)　事象投射の原則
　　　（ⅰ）述部の事象は自由に動詞句に投射される．
　　　（ⅱ）意味的主要部は，動詞の事象を選択し，あるタイプの事象を動詞句に投射する．

(20i) の原則により，destroy のもつ「過程＋状態」という状態変化の事象は，(19c) に見られるように動詞句に投射され，動詞句全体が，「過程＋状態」の状態変化の推移事象をもつことになる．状態変化の推移事象は，定義上，完了事象を表すので，文全体は完了相をもつことになる．そして，「過程＋状態」という完了事象を表す動詞句には，(8e) で見た「過程＋状態」の事象を選択する in 〜 という完了の副詞表現が融合可能となる．

　一方，(19b) に見られるように，対格名詞句に houses という無冠詞複数名詞が生じると，文全体は未完了相となり，for an hour という未完了相の事象を選択する副詞表現と共起可能となる．これは，無冠詞複数名詞の性質による．つまり，無冠詞複数名詞は，量が制限されていない性質上，destroy のもつ「過程＋状態」のうち，時間的に制限されていない際立ちのある過程の事象だけを選択して，動詞句に投射する．その結果，文全体は未完了相になるのである．このような，事象を変化させる要素を意味的主要部（semantic head）と呼び（Higginbotham 1995），事象を変化させる関数を事象関数（event function）という（Pustejovsky 1995）．具体的には，(19d) に見られる事象関数が，(20ii) の原則にしたがって適用された結果，(19b) の文は，(19e) に見られるように，動詞 destroy の際立ちをもつ過程事象のみが動詞句に投射される．過程事象は，定義上，未完了の事象を表すので，文全体も未完了相をもつことになる．この未完了の過程事象を表す動詞句には，(19f) に見られる過程事象を選択する for 〜 という未完了の副詞表現が融合することが可能となる．

対格名詞句が相の変化を引き起こす別の例として，(21a, b)に見られる可算名詞と不可算名詞の対立をあげることができる．

(21) a. John drank a beer *in* / *for one minute.
〈過程＋状態を選択〉
b. John [_VP_ drank *beer* for / *in one minute].
［過程］ 〈過程または状態を選択し，過程または状態を投射〉

(21a, b)に見られるように，可算名詞の a beer は相の変化を引き起こさないが，不可算名詞の beer は達成動詞 drink の相を未完了に変化させる (Bach 1986; Verkuyl 1993, 20–23)．これは，無冠詞複数名詞と同様に，不可算名詞が量の限定されていない性質上，(21b)に見られるように時間的に限定されていない過程事象を選択し，それを動詞句に投射する事象関数をもつためである．この事象関数を適用した結果，動詞句には，drink のもつ時間的に限定されない過程事象が投射され，(19f)に見られる未完了の副詞表現 for ～ が融合可能となる．

次に，目的語の名詞句が，多義的になる事例を見よう．たとえば，three などの数詞のついた名詞句は，単なる３つの数量（cardinal）を表す意味と，いくつかのうちの３つという限定された数量詞（partitive）の意味とで，多義的である．そして，後者の意味でのみ，述部は完了相を表し，in one minute などの完了の副詞表現と共起可能となる．

(22) a. Robin [_VP_ climbed three staircases *in* one minute].
［過程＋状態］ 〈過程＋状態を選択〉
b. Robin [_VP_ climbed *three* staircases for one minute].
［過程］ 〈過程または状態を選択し，過程または状態を投射〉

(22a)の文では，in one minute が生じると，目的語の three staircases が，たとえば30段ある階段の３段を上がったという限定された数量詞の意味になる．この解釈は，(20i)の原則の適用によって，動詞 climb のもつ「過程＋状態」の事象が動詞句に投射された結果生じている．動詞句

は「過程＋状態」の事象をもつので，(8e) で見た「過程＋状態」を選択する完了の副詞表現 in 〜が融合可能となる．

一方，three staircases が，単に階段を3段上がったと解釈される場合は，(22b) のように，for one minute という未完了の副詞と共起することになる．これは，数量を表す数詞が，無冠詞複数名詞や不可算名詞と同様に量の限定されていない性質上，時間的に限定のされていない過程か状態事象を選択して，それを動詞句に投射する (22b) に見られる事象関数をもつためである．この関数を適用した結果，climb のもつ過程事象のみが動詞句に投射され，過程か状態事象を選択する未完了の副詞表現 for 〜と融合可能となる．

次に，対格名詞句が相を変化させない場合を考察する．たとえば，次の状態文では，対格名詞句が無冠詞複数名詞句でも，相の変化は見られない．

(23) a. John [$_{VP}$ knows the girl *for* ten years].
　　　　└─[状態]　〈過程または状態を選択〉
　　 b. John [$_{VP}$ knows *girls* for ten years].
　　　　└─[状態]　〈過程または状態を選択し，過程または状態を投射〉

動詞 know の相は，未完了の状態事象のみからなる．この動詞に the girl が融合されると，事象投射の原則 (20i) により，述語である know のもつ状態事象が投射される．その結果，動詞句は状態事象をもち，状態事象を選択する for 〜という未完了相の副詞表現と融合可能となる．一方，(23b) の場合，量の限定されていない無冠詞複数名詞の girls は，時間的に限定されていない状態事象を選択し，その事象を動詞句に投射する事象関数をもつ．この事象関数を適用した結果，動詞句には，状態事象が投射され，状態を選択する未完了の副詞表現 for 〜 が融合可能となる．

以上をまとめると，動詞が対格の素性を照合する場合，事象投射の原則 (20i) により，動詞の事象が動詞句に投射されて，動詞句全体の相が決定される．そして，対格を照合される目的語の名詞句が，量の限定されない

無冠詞複数名詞や不可算名詞などの場合，その名詞が事象関数をもち，事象投射の原則（20ii）により，動詞のもつ時間的に限定されていない未完了の過程か状態の事象が動詞句に投射され，それが動詞句全体の相となる．

最後に，2つの事象が動詞句に投射され，合成される事例を見よう．

(24) a. John walked for an hour.
  b. John walked under the bridge in / for an hour.
  c. ((Process + State*) = Transition) & in an hour:
〈過程＋状態を選択〉

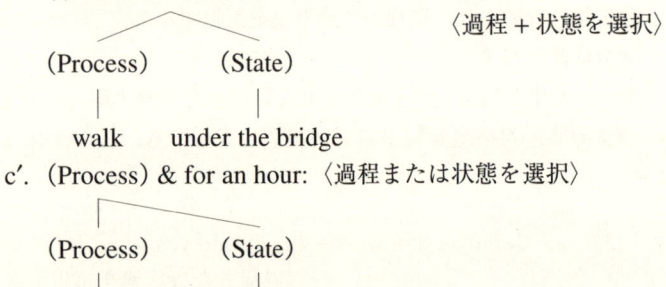

```
      (Process)   (State)
         |           |
        walk    under the bridge
```

  c'. (Process) & for an hour:〈過程または状態を選択〉

```
      (Process)   (State)
         |           |
        walk    under the bridge
```

(24a) の walk という過程事象を表す動詞は，未完了の相をもつので，for an hour という未完了の相を選択する副詞表現と共起しているが，この動詞に under the bridge という前置詞句が生じると，(24b) のように多義的になり，under the bridge が「橋の下を歩いた」という場所 (Location) の意味と，「歩いて橋の下まで移動した」という移動経路 (motion path) の着点 (Goal) と解釈される意味が可能となる．この後者の解釈は，橋の下に着いた完了の事象を表すので，(24b) に見られるように，in an hour という完了の副詞表現と共起する（Higginbotham 1995, 33; Talmy 1985）．この完了の事象は，(24c) の事象構造に表されるように，動詞 walk のもつ過程と前置詞句 under the bridge のもつ状態の両方の事象が，事象投射の原則 (20i) により動詞句まで投射された結果生じている．つまり，動詞句という統語的環境で，動詞から投射された過程事象と前置詞句から投射された状態事象が，「過程＋状態」という完了のペア (telic pair) を作

ることで，状態変化の推移事象を構成している (Higginbotham 2000)．一方，under the bridge が場所と解釈される場合は，under the bridge の状態事象が動詞句に投射されていない．この場合，(24c′) のように，「過程＋状態」のペアは形成されず，under the bridge は単なる事象の生じた場所を意味する．

このように，2つの事象が合成され，新たな事象が形成される現象は，Talmy (1985) や Higginbotham (1995, 2000) などによって意味合成 (conflation) と呼ばれ，英語では，主に過程事象の動詞と状態事象の場所表現が合成されて，場所表現が着点と解釈される状態変化の事象を表すという特徴をもつ．以下に類例をあげよう．

(25) a. The bottle floated for three days.
b. The bottle floated under the bridge in three days.
c. John and Mary danced for one minute.
d. John and Mary danced under the tree in one minute.

この意味合成に関して重要な点は，動詞の表す事象と場所の表す事象が，動詞句という統語的環境で合成されるというところにある．つまり，動詞句でない環境では，このような意味合成は生じない．たとえば，(24b) の John walked under the bridge in / for an hour. という文を名詞化した次の (26a) の場合には，過程の事象と状態の事象がペアになる動詞句の環境がないため，もはや意味合成は生じない (Higginbotham 2000)．

(26) a. John's walk under the bridge for / *in an hour
b. Under the bridge John walked.
c. John's walk to the store in ten minutes
d. John walked to the store in ten minutes.

(26a) において，under the bridge は場所にしか解釈されず，名詞句全体は，未完了の相をもつ．そのため，未完了の相を選択する副詞表現 for an hour としか共起できない．また，興味深いことに，インフォーマントによると，(26b) のように前置詞句が文頭にある場合も，前置詞句 under the bridge は着点と解釈することは不可能で，場所解釈のみが可能となる．

これは，意味合成が，動詞句という統語環境で生じるため，前置詞句が動詞句にない場合には，意味合成が不可能となるためと考えることができる．

一方，(26c) のように，to ～といった方向を表す前置詞句は意味的主要部として働き，それが生じる統語的環境に関係なく相を変化させる事象関数をもつ．この事象関数の適用によって，(26c) の名詞句においては，(26d) の文の場合と同様に，名詞句の環境でも，相が完了相に変化している．その結果，in ten minutes という完了の相を選択する副詞表現と共起可能となる (cf. Higginbotham 1996; Pustejovsky 1995, 126)．

以上をまとめると，動詞のもつ過程事象と場所表現のもつ状態事象の両方が動詞句に投射され，「過程＋状態」という事象のペアを作ることで，文が完了相になる意味合成が存在する．これは，to ～のようにそれ自身が完了の事象を作り出す事象関数の事例と，明確に区別する必要がある．

未解決の問題を1つあげよう．意味合成は，統語論の規則であろうか，それとも意味論の規則であろうか．統語論の規則とすると，たとえば，walk under the bridge を go under the bridge by walking とパラフレーズできることから，目に見えない go に相当する動詞が存在すると考えることができる (Speas 1995, 206)．このような目に見えない経路の動詞 go が，統語的に存在すると考える証拠はあるのだろうか．その1つとして，この構文においては，結果状態の述語が1つしか生じないという性質をあげることができる (cf. Goldberg 1995)．たとえば，(27a, b) に示されるように，kick した結果，Mary が black and blue や out of the room の状態になったという解釈は可能であるが，同時に black and blue でありかつ out of the room の状態になったという (27c) の文は，非文法的である．

(27) a. John kicked Mary black and blue.
      b. John kicked Mary out of the room.
      c. *John kicked Mary out of the room black and blue.

つまり，結果状態の表現は，統語的に1つしか現れることができない．こ

れは，目に見えない経路の動詞が，述語を補部に選択しているとすれば，説明がつく．というのも，第1章で見たX′理論の性質から，動詞は補部を1つしか選択できないからである．

　一方，意味論で意味合成を説明する場合，過程の事象と場所の事象を組み合わせてgoにあたる経路の意味を作り出す規則が必要となる．その場合，goという意味関数の補部はなぜ1つしか生じないのかについて，説明が必要となる．というのも，2つの結果状態を意味的に表示することは，go [$_\text{state}$ out of the room (x) & black and blue (x)]のように，十分に可能であるからである．

4.6 相にまつわる諸問題

　最後に，相全般にかかわる問題をいくつか見よう．4.1で，達成動詞が「過程＋状態」という事象構造をもち，その過程の事象に際立ちがあることを見たが，この際立ちが文脈によって変化する事例が存在する．

　(28)　John crumpled up the dress shirt for an hour.

(28)のcrumpleという動詞は達成動詞で，状態事象に際立ちがないため，事象修飾の認可条件により，for an hourが結果状態を修飾することはできない．つまり，the dress shirtのしわくちゃになった状態が1時間であるという解釈は，存在しない．しかし，あるインフォーマントによれば，たとえば，目的語のthe dress shirtが特殊な形状記憶の素材でできていて，数時間するともとの状態に戻るという状況であれば，for an hourが結果状態を修飾する解釈は，問題なく容認される．これは，事象の際立ちが語彙的なものか，それとも語用論的なものかという問題を提示している．

　これとの関連で，到達動詞の性質にかかわる問題にも言及しておこう．到達動詞は，過程よりも結果状態に際立ちがあるので，for an hourという副詞表現がその結果状態の長さを，(29a)のように修飾することが可能である．

　(29)　a.　John came home for an hour.

    b. John ran home for an hour.
    c. *John ran home quickly for an hour.
    d. John has been running home for two minutes.

つまり，(29a) には，家にいた時間が1時間という解釈が存在する．このように結果状態を修飾できるのは，動詞の表す動作の様態が前面に出ておらず，動詞が単なる移動の意味を表す場合に典型的に見られる．たとえば，(29b) の文においては，for an hour が家にいる状態事象を修飾することが可能であるが，あるインフォーマントによれば，この場合の run という動詞は走るという意味ではなく，急いで移動するというくらいの意味である．つまり，この場合の run は，走るという様態の意味が前面に出ていない移動動詞のように解釈されている．その証拠に，この文は車椅子に乗った人でも発することができ，さらには，走る様態が前面に出ておらず背景化されているため，走る様態を修飾する quickly などの副詞が生じて過程の事象が焦点化されると，(29c) のように容認されなくなる．

　このように，ある動詞は様態の意味を背景化することで移動動詞と解釈され，結果状態の修飾を許すようになるが，どのような動詞で，どのような意味の背景化が可能かという問題は，現在のところ包括的に研究されてはいない．ちなみに，run home という表現自体が，走るという様態の意味をもたない熟語表現であるわけではない．というのも，(29d) のように完了形にすれば，走るという過程が2分間であったという意味が可能だからである．(完了形については，5.3 を参照．)

第 5 章　文 法 的 相

　第1章において，完了相の投射 (PerfP) と進行相の投射 (ProgP) が，次に見られるように動詞句の上に位置することを見た．

（ 1 ）　[$_{PerfP}$ [$_{ProgP}$ [$_{VP}$ V]]]

本章では，これら PerfP と ProgP の特質を，第1〜3章において詳しく議論されることがなかった特質を中心に考察する．

5.1　進行相の中核的な意味

　英語において，進行相は次に見られるように，be + V-ing という形式をとり，ある特定の時点での進行中の行為を表す．

（ 2 ）　a.　Agatha ran.
　　　　b.　∃e [running (e) & Subject (e, Agatha) & Cul (e)]
　　　　c.　Agatha is running.
　　　　d.　∃e [running (e) & Subject (e, Agatha) & Hold (e)]
　　　　　　　　　　　　　　　　　　　　(Parsons 1990, 171)

進行相の中核的な意味は，「一時性」と「未完了性」にある．この点は，完了形を過去形とくらべるとわかりやすい．たとえば，(2a) の過去形の文は，run という事象が完了したことを表すのに対して，進行形の (2c) の文は，run という行為が完了しておらず，その一時的状態が発話時においてなりたつことを意味している．(2b) は，(2a) の過去形の文の意味表示で，主語 (Subject) Agatha の running という事象 (event: e) が存在し (∃)，その running という事象が終結している (Culminate: Cul) ことが

[125]

表されている．一方，(2c) の 進行形の文の意味表示である (2d) では，running の事象が終結せず，発話時においてもなりたっている (Hold) ことが表されている．

　この進行形に見られる一時性と未完了性は，ProgP にかかわる -ing の特質によって説明することが可能である．つまり，一時性と未完了性は，(3a) に示された -ing のもつ事象関数が適用された結果，過程事象に際立ちが与えられたため生じていると考えることができる．

　　（3）　a. -ing (Progressive): ⟨Process, Process*⟩
　　　　　b.　　　　　　(Process*) & for an hour

　　　　　　　(Process*, State)　⟨過程を選択し際立ちのある過程を投射⟩
　　　　　　　　　　│　　　　　　　　　　　　　│
　　　　　　　　　paint　　　　　　　　　　-ing (Progressive)

(3a) に見られるように，進行形の接辞 -ing は，過程の事象を選択して際立ちのある過程事象 (Process*) を述部に投射する関数と考えられる．こうして形成された進行形の過程事象は，4.1 で定義されたように，初めと終わりのない連続する事象なので，未完了の相をもつことになる．未完了の相をもった結果，進行形の文は，(3b) に見られるように，paint という完了相の達成動詞が用いられても，動詞句に未完了の過程事象が投射されるので，未完了相を選択する副詞表現 for an hour と共起可能となる．

　次に，状態，活動，達成，到達の各相の進行形の具体例を見よう．

　　（4）　a. *Alma is knowing the answer.（状態）[State]
　　　　　b. John is playing the tuba for / *in an hour.（活動）[Process]
　　　　　c. John is painting the wall for / *in an hour.（達成）[Process*, State]
　　　　　d. ?Hildegard was winning the race.（到達）[Process, State*]

第一に，状態相の動詞は，通例，(4a) に見られるように進行形にならない．これは，進行相の -ing が過程事象を選択するのに，状態相の動詞が過程事象をもたないためである．次に，活動相の動詞は，(4b) に見るよ

うに，進行形が可能であり，これは，活動相の動詞が過程事象をもつため，-ing の過程事象を選択する要求を満たせるためである．過程事象が選択され，際立ちのある過程事象が全体に投射された結果，(4b) の活動相の文は，play の過程の途中であり，その一時的状態が発話時においてなりたつことを意味する．次に，達成相の動詞も，(4c) の文に見られるように進行形が許されるが，これは達成相が「過程*＋状態」という事象構造をもつため，-ing の事象関数が過程事象を選択して，際立ちのある過程事象を投射できるためである．この事象関数の適用の結果，(4c) の文は，paint の過程事象が途中であり，その一時的状態が発話時においてなりたつことを意味する．最後に，到達相は，(4d) の文の容認性が低いところからもうかがえるように，進行形になりにくい．これは，到達動詞が過程事象をもつものの，「過程＋状態*」という際立ちのない過程事象をもつため，過程事象を選択する事象関数の適用が難しいためである．つまり，過程に際立ちを与える進行形の操作と，到達相の際立ちのない過程事象とが整合しないのである（*cf.* Pustejovsky 1995, 73）．

注意すべきは，(5a, b) に見られるように，状態相の動詞でも進行相になれる事例が存在する点である．これらの用法では，(5c) に見られるように，状態事象が過程の事象に読みかえられていると考えることができる．この点は，5.2 で詳しく論じる．

(5) a. I've only had six whiskies and already I'm seeing pink elephants. (Comrie 1976, 37)
 b. I am feeling ill, doctor. My back hurts / is hurting and my head aches / is aching. (Leech 1989, 396)
 c. 　　　　　　　　(Process*)
 　　　　　　　╱　　　　╲
 　　　(Process)　〈過程を選択し際立ちのある過程を投射〉
 　　　　│　　　　　　　　│
 　 see pink elephants　 -ing (Progressive)

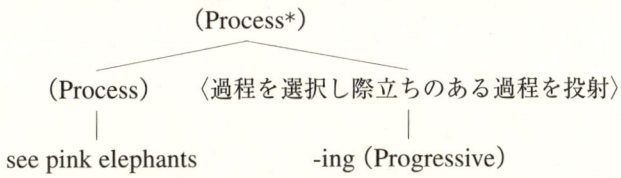

上で見たように，進行形の文では過程の事象が際立ちをもつのであるが，この点は，近い未来を進行相で表現する事例を見るとわかりやすい．

(6) a. I am leaving for Italy next week.
　　 b. I am hoping you can lend me some money.

(6a)の進行形の文は，イタリアへ行く準備をする過程事象が，現在進行中であるという含意をもつ．具体的には，スーツケースに洋服をつめたり，飛行機のチケットの手配をしたりする事象の含意である．これは，leaveする過程の事象に際立ちがあるため，その過程事象について詳しい記述がなされていることによる．さらに，進行相において過程事象に焦点があてられていることを示唆するもう1つの事実として，進行形による丁寧表現をあげることができる．たとえば，(6b)の文に見られるように，依頼を表す文が進行相をとることによって，話し相手に対して丁寧な気持ちを表現することがあるが，これは過程の事象を際立たせることによって，過程事象のもつ未完了性を際立たせることに由来する．つまり，話し手のhopingが未完了であることを際立たせることで，話し手の気持ちが変更可能であり，話し相手が気が進まなければキャンセルできるという含意を持つ．そのため，丁寧な表現となるのである．

　さらに，進行形において過程事象に際立ちがあるという考えは，意味合成の振る舞いからも支持される．

(7) a. John walked under the bridge.（the bridge＝場所／着点）
　　 b. The bottle floated under the bridge.（the bridge＝場所／着点）
　　 c. John is walking under the bridge.（the bridge＝場所／*着点）
　　 d. The bottle was floating under the bridge.（the bridge＝場所／*着点）

4.5で見たように，動詞の過程事象と場所表現の状態事象が合成されると，意味合成によって，(7a, b)の文に見られる「過程＋状態*」という結果状態に際立ちのある事象構造が形成される．このことを念頭において，(7c, d)の進行形の文を見よう．インフォーマントによると，この意味合成は，(7c, d)に見られるように，進行形では不可能である．これは，

意味合成が着点という，結果状態に際立ちをもつ事象構造を作る操作であるのに対して，進行形が過程事象に際立ちを与える操作であるため，結果状態の際立ちと過程の際立ちが整合しないためである．ここから，進行形が過程事象に際立ちをもつことが確認される．

以上をまとめると，進行形においては際立ちのある過程事象が表され，その特徴は一時性と未完了性にある．そして，過程事象に際立ちがあるため，意味合成などの結果状態に際立ちのある構文とは，整合しない．

5.2 進行形における状態動詞

5.1で見たように，状態動詞は通例，進行形にはならないが，進行形が可能なあるタイプの状態文が存在する．まず，(8a)の文を見よう．

(8) a. This morning, though, her hair was being nice to her.
b. *Be tall.
c. *She is being tall.
d. *Be a girl.
e. *She is being a girl.

状態相の動詞が進行形になる場合，その主語は，通例，有生 (animate) 名詞に限られる．そのため，(8a) においては her hair という無生物の主語が生じているが，その主語は擬人的に解釈される (*cf.* 柏野 1999)．では，主語が人間なら，どの形容詞や名詞でも進行形の述部になれるのであろうか．実は，進行形の述部にできる形容詞や名詞は，主語の意志で自己制御可能 (self-controllable) な意味を表す場合に限られる，という制約が課される (自己制御可能性については，3.2.3を参照)．述部が自己制御可能か否かは，命令形にすることによって判別することが可能である．たとえば，(8b, d) に見られるように，be tall や be a girl は自己制御可能でない状態を表すので，命令形にすることは不可能である．そして，このような自己制御が可能でない述部は，(8c, e) に見られるように，進行形としても非文法的となる．微妙な場合として，a lady といった名詞句がある．

(9) a. Be a lady.
　　 b. She is being a lady.

(9a) に見られるように「レディーらしい振る舞いをしなさい」という意味であれば，a lady は命令形に現れることができ，「今だけレディーらしい振る舞いをしている」という意味であれば，(9b) のように進行形に現れることも可能である．

また，一時的性質を表す述部は，(10a, b) に見られるように，一時性を強調する場合であれば進行形になれるが，恒常的性質を表す述部は，(10c, d) に見られるように，進行形になりにくい．これは，恒常的性質らしい仕草や振る舞いをすることが，現実に考えにくいことによる．

(10) a. The horse is being gentle with her rider.
　　　b. Stop being so impatient.
　　　c. *John is being tall today.
　　　d. *Stop being so intelligent.

以上，状態文において進行形が可能となる場合には，形容詞や名詞が主語の意志で制御可能と解釈できる必要があることを見た．この性質をさらに詳しく見よう．

一般的に，状態文が進行形になり being という形をとると，それが acting のように解釈されることが多い．この being の補部に生じることが可能な述語としては，(11a, b) の述語があるが，どれも進行形では，「～のように振る舞う」という意味をもつ．

(11) a. a baby, a bore, a coward, a darling, a devil, a fool, a good friend, an idiot, a nuisance, a problem, a snob, etc.
　　　b. brave, careful, careless, childish, foolish, frank, friendly, funny, lazy, nice, noisy, patient, rude, serious, silly, stupid, etc.
　　　　　　　　　　　　　　　　　　　　　　　(*cf.* Azar 1999, 17)

このことを念頭において，次の具体例を考えよう．

(12) a. You are being so angry again.

b. Stop being so impatient.　　　(Pustejovsky 1995, 20)

インフォーマントによると，これらの文においては，being に acting という意味が読み込まれ，たとえば，(12a)であれば怒って物を叩く動作が含意され，(12b)であれば，イライラした素振りを見せるなどの過程事象が含意されている．

次に，状態文が進行形になると，(8a)の her hair was being nice to her という文に見られるように，その主語がなぜ有生名詞と解釈されるのかを考えてみよう．上で見たように，状態文の進行形に生じる being は，「～のように振る舞う」という解釈がなされることからも明らかなように，acting のように解釈され，後続する述部は「～のように」という様態の副詞のように解釈される (Diesing 1992, 44-45; Partee 1977)．たとえば，(13a)の文は，Napoleon のように act するという意味をもち，(13b)は honest なような act をする状況が考えられれば，容認される．

(13) a. Today, my uncle is being Napoleon.　　(Leech 1987, 30)
　　　b. Mary is being honest.
　　　c. She is being a girl now.

この act という行為は，動作主が行なう行為であるため，無生物主語に適用することは不可能と考えられる．つまり，(8a)のように無生物の名詞 her hair が being の主語に生じると，動作主になりうる有生の主語に読みかえられなければならない．そのため，(13c)のように一見変則的な響きの文も，「今だけ，少女らしく振る舞っている」という状況が考えられれば容認可能となる．

以上，状態動詞の進行形は，being が acting のように解釈され，その主語が動作主という意味役割をもつことを見た．この事実は，状態の進行形が，4.3 で見た small v (ν) を動詞句の上に投射すると考えることによって，説明可能となる．

(14) [$_{vP}$ my uncle ν [$_{VP}$ being Napoleon]]

4.3 で見たように，動詞が過程事象を表す場合，ν の指定部にある主語は

動作主の意味役割に対応する．つまり，being という進行形は，状態事象が過程事象に読みかえられ，acting に等しい過程事象をもつため，vP の構造をもち，その主語が動作主と解釈されるようになると考えることができる．この考えは，be 以外の状態動詞が進行形となる事例によって，支持される．

(15) a. John is seeming to dislike natto.
b. John seems to me to dislike natto.
c. *John is seeming to me to dislike natto.

インフォーマントによると，(15a) の文では，seem という状態動詞の進行形である seeming が用いられているが，この文は納豆をテーブルの脇に置くなど，納豆を嫌う動作をしている状況が表されている．つまり，状態動詞 seem も進行形になると，過程事象を焦点化するという進行形の要請によって，状態事象が過程事象に読みかえられ，act に相当する意味が生じるのである．

この seeming が，状態ではなく過程の事象を表す証拠として，状態文の seem に生じる「to＋人」という句の振る舞いをあげることができる．たとえば (15b) において，to me は，補文の dislike natto という事象を認識する経験者という意味役割をもつが，インフォーマントによると，この経験者の to me は，(15c) に見られるように，進行形では生じることが不可能である．これは，seeming という進行形において，状態事象が過程の事象に読みかえられているためと考えることができる．つまり，もはや状態事象はなく，経験者が認可されなくなるのである．さらに seem という状態動詞には，次の (16a) に見られるように，虚辞の there が生じることが可能であるが，seeming を含む文には，(16b) に見られるように虚辞の there が生じることは不可能である．

(16) a. There seems to be a storm soon.
b. *There is seeming to be a storm soon.
c. It is seeming to rain soon.

これは，seeming が acting と解釈されるためと考えることができる．つ

まり，act の主語には，動作主 という外項に与えられる意味役割が付与されるため，意味役割の与えられない虚辞の there は，その主語の位置に生じることが不可能となる．興味深いことに，インフォーマントによると，天候の it は (16c) のように，seeming の主語に生じることが可能である．これは，it が純粋な虚辞ではなく，雲の流れや空の様子などを指し示す，疑似的な虚辞 (quasi-expletive) であることによると考えられる．つまり，雲や空が生き物のように雨を降らしたり，空を曇らせたりする動作をしていると解釈される．

以上をまとめると，次のようになる．まず，状態文が進行形になると，その文は過程事象を表す．そして，その状態文に生じる be 動詞の進行形 being は acting のように解釈され，その主語は動作主の意味役割をもつ．そのため，意味役割の与えられない there などの虚辞は，生じない．そして，be 動詞に後続する形容詞は「～のように」といった様態の副詞のように解釈され，主に命令形が可能な，制御可能な意味を要求される．

現在，未解決の問題としては，この状態文の進行形を語彙的に多義的とする立場をあげることができる(中村捷氏(私信)の指摘)．たとえば，quiet という状態の述語は，過程事象と状態事象とで語彙的に多義的であり，進行形になると，過程事象の語義が選択されているという考えである．どちらの立場が正しいのかは，現在未解決の問題である．

5.3 完了形の中核的な意味

本節では，PerfP にかかわる完了相の特質を考察する．完了相は，have + V-en という形式で表現され，事象の結果状態が基準時になりたつという意味をもつ．この完了形の意味を，過去形の文と対比しながら考察しよう．

(17) a. Agatha ran.
b. ∃e [running (e) & Subject (e, Agatha) & Cul (e)]
c. Agatha has run.
d. ∃e [running (e) & Subject (e, Agatha) & Hold (e's RS, now)]

(17a) の過去形の文では，run という事象が完了した状況が表されているが，(17c) の完了相では，その run という事象の結果状態が，基準時の現在になりたつことが表されている (Parsons 1990, 235). これを意味表示で表したものが (17b) と (17d) で，前者の過去形の意味表示では，主語 (Subject) が Agatha である running という事象 (e) が存在し (∃)，その事象が終結している (Cul) ことが表されている. 一方，後者の完了相の意味表示では，同じ running という事象の結果状態 (RS) が，現在 (now) もなりたつ (Hold) ことが示されている. ここから，PerfP の関与する完了分詞の -en は，次に示されるような事象関数をもつことがわかる.

(18)　-en: ⟨Event, State*⟩

つまり，完了分詞の -en は，ある事象を選択して，際立ちのある結果状態の事象を全体に投射するという事象関数をもち，この事象関数を適用した結果，完了形の文全体は動詞の表す事象の結果状態を表すことになる.

以下，完了形のもつ結果状態を詳細に論じる. まず，現在完了形は，主に過去の事象 (E) の結果状態が，基準時 (R) の現在になりたつという意味をもつ. つまり，現在完了形の文は，現在から過去の事象を，その結果状態に焦点をあてて表している文と考えることができる. そのため，多くの場合，動詞の表す結果状態の事象が，基準時の現在と関連性をもつ時に使われることが多い. (関連性をもたない場合については，2.2.3 を参照.)

次の具体例を見よう.

(19)　a.　John has broken the teapot (and it is still broken).
　　　b.　John broke the teapot (but it may have been mended).

(19a) の完了相の文は，teapot が壊れるという過去に起こった事象の結果状態が，その文を発している基準時の現在でもなりたつことを表しているため，teapot が壊れたままであるという含意 (entailment) をもつ. その結果，but it is not broken now という文をつなげることで，それに先行する現在完了形の文が表す内容を否定すると，矛盾が生じる. 一方，(19b) の過去形の文は，発話時との関連性がないので，現在も teapot が

壊れているという含意はもたない．そのため，but it is not broken now という表現を続けても，矛盾は生じない (Leech 1989, 344)．

次に，この結果状態が，文中のどの要素を叙述しているかを考察する．完了形の文における結果状態は，通例，文の主題要素 (Topic) に関する叙述をする．主題要素は，通例，主語と一致することが多く，たとえば，(20a) の現在完了形の文では，visit の結果状態が主語の Einstein と叙述の関係にある．

(20) a. *Einstein has visited Princeton.　　(Chomsky 1972, 111)
　　 b. Princeton has been visited by Einstein.　　(*ibid.*)
　　 c. Speaking of Princeton, Einstein has visited Princeton.
　　　　　　　　　　　　　　　　　　　　(Inoue 1975, 27)

しかし，Einstein は発話時の現在に生きていないため，この人物と現在との関連性が見出されず，(20a) の文には逸脱した響きがある．つまり，現在完了形は，主題要素の結果状態が現在になりたつことを叙述しているのである．この考えは，(20b) の文によって支持される．(20b) の受動態の文では，Einstein が主語の位置にはないので主題にはならず，新しい主語の Princeton が主題となっている．この Princeton は，発話時の現在において存在する大学なので，Princeton と現在との関連性を見出すことが可能となり，自然な響きをもつ．もちろん，主題はかならずしも主語である必要はなく，たとえば，(20c) に見られるように，Speaking of ～ という表現は主題と解釈される．その場合，Speaking of ～ の部分が主題となるため，発話時に生きていない Einstein が主語位置に生じても，非文法性は生じない．

このように，完了相は，主題となる要素に関する過去の事象の結果状態が，基準時になりたつことを表すのだが，このことは，次の事例からも確認することができる．

(21) a. (??) John has quickly broken the teapot.
　　 b.　　 John broke the teapot quickly.

c. John is walking under the bridge.（the bridge = 場所 / *着点）
　　d. John has walked under the bridge.（the bridge = 場所 / 着点）

インフォーマントによると，先に見た teapot が壊れるという完了形の文には，(21a) のように quickly などの様態の副詞が生じることが難しい．これは，完了形において，結果状態が焦点化 (focus) された結果，過程の事象が背景化されるためである．つまり，完了形において際立ちのなくなった過程事象は，事象修飾の認可条件により，修飾要素を認可できないのである．一方，過去形の (21b) の文には，結果状態の焦点化は働かないので，様態の副詞は問題なく容認される．(21a) の完了形の場合，teapot が壊れた事象全体が，ほかの物が壊れた事象よりも quick であったという，事象全体を対比する解釈は存在するが，壊す動作が quick であったという過程事象を修飾する解釈は，難しい．このことから，完了相の -en が結果状態を焦点化し，際立ちを与え，過程事象を背景化することが確認される．

　さらに，完了形において，結果状態の事象に際立ちがあるという考えは，4.5 で見た意味合成の振る舞いからも支持される．この意味合成においては，主に動作動詞の過程事象と場所表現の状態事象が意味合成された結果，場所表現が移動の着点と解釈され，その着いた結果状態に際立ちがある事象構造が形成される．そして，この意味合成は，結果状態のほうに際立ちがあるので，(21c) のように，過程事象に際立ちをもつ進行形とは相容れない性質をもつのである．この進行形とは対照的に，完了形は結果状態に際立ちがあるため，意味合成によって形成される「過程 + 状態*」という，結果状態に際立ちのある事象構造と整合し，(21d) に見られるように，完了形においては意味合成が適用可能となる．

　以上をまとめると，まず，完了形においては，動詞の表す結果状態が発話時になりたつという含意を持つ．そして，その含意は，主題となる要素に関するものである．さらに，完了形においては，事象関数によって結果状態が際立ちをもつ．

最後に，未解決の問題を見よう．まず，完了形において結果状態が際立ちをもたないと考えられる事例が存在する．

(22) a. The company has built a house for one year.
　　　b. The ghost has disappeared for an hour.
　　　c. John has disappeared for an hour.
　　　d. John has been / stayed away for an hour.

(22a) の完了形の文は，for one year が結果状態を修飾する解釈が不可能で，たとえば，住宅展示場の家が 1 年だけ建っていて，その後取り壊されたという解釈は，どのインフォーマントにも容認されない．これは，build という達成動詞が過程事象に際立ちをもつため，結果状態に際立ちを置く完了形の操作が適用されても，過程事象の際立ちは消えず，結果状態だけを修飾し焦点化することが難しいためと考えることができるが，詳細は未解決の問題である．

さらに，到達動詞は結果状態に際立ちがあるので，通例，for an hour などの副詞表現が結果状態を修飾するのは可能であるが，その場合でも，結果状態が修飾しにくい事例が存在する．たとえば，(22b) の完了形においては，the ghost が 1 時間だけ disappear した状態にあったという解釈は，難しい．というのも，いつまた出現するかが予測できないため，その消えていた時間を想定しにくいためである．一方，インフォーマントによると，(22c) に見られるように，共同生活をしている男性 2 人のうち 1 人にガールフレンドが会いに来るので，もう 1 人の男性が 1 時間だけアパートから disappear した状態になったという完了形の文では，for an hour で不在の状態の長さを指定することが可能である．これは，共同生活者であればいずれ戻ってくるので，不在の時間を想定しやすいためである．ただし微妙な場合として，(22d) に見られる be や stay という状態動詞がある．これらの文においては，ある長さの時間だけ不在であったことを意味することが可能である．つまり，この状態動詞の場合, the ghost など不在の時間が想定しにくくても，for an hour などによる修飾が比較的容易にできる．これがなぜであるかは，現在未解決の問題である．

第6章　機能範疇にまつわる構文

　本章では，機能範疇の be にまつわる構文をいくつか取りあげ，その特質を詳細に論じる．

6.1　個体述語と一時的述語

　機能範疇の be 動詞が重要な役割を果たす構文として，一時的述語 (stage-level predicate) と個体述語 (individual-level predicate) の構文をあげることができる．一時的述語とは，一時的な状態を表す述語で，個体述語とは，恒常的な性質を表す述語である．具体的には，(1a) の drunk が，一時的な状態を表す一時的述語で，(1b) の honest が，個体の内在的な恒常的性質を表す個体述語である．

 (1)　a.　John is *drunk*.
　　　b.　John is *honest*.

　個体述語と一時的述語は，異なる相をもつ．たとえば，一時的述語 drunk は，(2a) に見られるように，完了相を選択する in one minute という副詞表現と共起することが可能である．一見，このような副詞と共起しにくく見える busy などの一時的述語も，インフォーマントによれば，(2b) のように適切な文脈に置けば問題なく容認される．

 (2)　a.　John was drunk in one minute.
　　　b.　John is always busy and is asked a favor by everyone. Last Friday was no exception. When he went to his office, he was busy in one minute.

4.1 で,「過程＋状態」の事象から構成される完了相の述語の主語は, 内項写像の原則により, 述部の内項となることを見た. つまり, drunk や busy などの一時的述語の主語は, (3a) のように動詞句内に基底生成される繰り上げの be 動詞をもつ (Diesing 1992).

(3) a. [_TP ＿＿ [_VP is John drunk]]
          ↑＿＿＿＿＿｜
       b. [_TP John [_VP is honest]]

一方, 個体述語は, 状態変化は意味せず, それと共起する be 動詞はコントロールタイプで, その主語は TP（第 1 章における IP に相当）の指定部に基底生成される.（繰り上げとコントロールの特質に関しては, 3.5.3 も参照.）

このように, 一時的述語が繰り上げ構造をもつことを支持する証拠を見よう. まず, 無冠詞複数名詞の解釈から見ると, 英語の無冠詞複数名詞は, それが一時的述語の主語の場合, その無冠詞複数名詞が表す対象物が存在するという, 存在の意味を表す. たとえば, (4a) の文は, 忙しい学生が存在するという意味を表す.

(4) a. Students are busy. ＝ There are students busy.
       b. Students are honest. ＝ Most students are (in general) honest.

これとは対照的に, 個体述語の主語は, 無冠詞複数名詞に most をつけたり, in general という副詞を補ったりすることで得られる総称の意味で解釈される. たとえば, (4b) の文は, たいていの学生は (一般に) 正直だ, というくらいの意味を表している.

この意味解釈の違いは, 存在の意味と総称の意味を与える演算子の違いによる. つまり, 無冠詞複数名詞は, それ自体では定まった意味をもたず, 存在の演算子 (existential operator) と総称の演算子 (generic operator) によって, 存在と総称の意味を付与されるのである. 具体的には, 総称の意味を与える演算子は, (5a) に見られるように TP を作用域にとり, そのなかにある無冠詞複数名詞に総称の意味を付与する (Kratzer

1995).

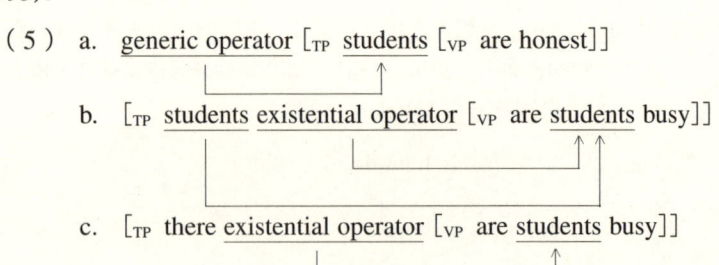

(5) a. generic operator [$_{TP}$ students [$_{VP}$ are honest]]

b. [$_{TP}$ students existential operator [$_{VP}$ are students busy]]

c. [$_{TP}$ there existential operator [$_{VP}$ are students busy]]

一方，存在の意味を与える演算子は，(5b) に見られるように動詞句 (VP) を作用域にとり，そのなかにある無冠詞複数名詞に存在の意味を付与する．その結果，動詞句内部に生成される内項だけが存在の演算子によって束縛され，存在の意味解釈をもつことが可能となる．たとえば，(5c) において，there 構文の主語 students は表面上も動詞句のなかにあるので，存在の演算子によって存在の意味を付与され，students が存在するという意味が与えられることになる．これと同様に，一時的述語の主語も，基底では動詞句内に生成されるので，(5b) に見られるように，意味解釈の段階でもとの動詞句内の位置に再構築 (reconstruct) されることによって，存在の意味を存在の演算子から付与されるのである．その結果，students が存在するという意味が与えられることになる．一方，個体述語の主語は，(5a) のように，TP の指定部に基底生成されるため，総称の演算子によって束縛され，総称の意味解釈を付与される．その結果，students は総称の解釈をもつ．

以上をまとめると，一時的述語は，繰り上げタイプの be 動詞と共起し，その主語は，動詞句内に基底生成される．そして，その主語が無冠詞複数名詞の場合，動詞句内に作用域をもつ存在の演算子によって存在の意味を付与される．一方，恒常的述語は，コントロールタイプの be 動詞と共起し，その主語は，基底で TP の指定部の位置に生成される．そして，その主語が無冠詞複数名詞の場合，TP に作用域をもつ総称の演算子によって総称の意味が付与される．

さらに，一時的述語の主語が個体述語の主語とは異なり，動詞句内に生

成されることを支持する証拠として，there 構文を見よう．

(6) a. There is a man drunk.
b. *There is a man honest.

there 構文では，(6a) に見られるように，末尾 (coda) に形容詞が生じ，名詞句が表す物や人の特徴を記述することが可能である．たとえば，(6a) の文は，drunk な状態の man が存在するという意味を表す．これとは対照的に，個体述語が存在構文の末尾の位置に生じることは，(6b) に見られるように不可能である．つまり，存在構文の末尾に形容詞をつけて，honest な man が存在するという意味を表すことが，(6b) の there 構文では不可能である (Carlson 1977, 46)．この相違は，一時的述語と個体述語の主語が生成される，統語的位置による．つまり，一時的述語は，内項写像の原理により，その主語が (7a) のように動詞の内項として動詞句内に基底生成される．これは，there 構文がその主語を動詞句のなかに生成する特質と整合するため，一時的述語は there 構文に生じることが可能なのである．

(7) a. There [$_{VP}$ is [a man drunk / busy]].
b. *there a man [$_{VP}$ is [honest]]
   └── a man が生成不可能

一方，個体述語は，その主語が動詞句の外に生成される．そのため動詞句の外に生成された個体述語の主語が，主語を動詞句内に生成する there 構文の性質と整合しないため，(7b) のように個体述語を含む there 構文は，非文法的となるのである．

以上をまとめると，主語を動詞句内に生成する there 構文の性質は，主語を動詞句内に生成するという一時的述語の性質と整合する．その結果，一時的述語は there 構文に生じることが可能となる．一方，個体述語は，その主語を動詞句の外に生成するため，主語を動詞句内に生成することを要求する there 構文と整合しない．

最後に，未解決の問題をいくつか見ておこう．まず (5) で，一時的述語と共起する存在の演算子と，個体述語と共起する総称の演算子の性質を

見たが，これらの演算子はどのように生成されるのであろうか．これは，現在未解決の問題である．可能な解決方法として，存在の演算子は，一時的述語と共起する繰り上げ動詞の be によって生成される，と考えることができる．

(8) a. I consider *firemen* available.（総称）
　　b. I believe *firemen* to be available.（存在 / 総称）
　　c. With *firemen* available, we are well protected against immolation.（総称）
　　d. For *firemen* to be available is the least we should expect.（存在 / 総称）　　　　　　　　（Diesing 1992, 140）
　　e. I consider *firemen* honest.（総称）
　　f. The witch made there *(be) a ghost in the room.

(8b, d) においては，一時的述語 available と be 動詞が共起し，その主語 firemen には存在の意味が付与されている．一方，(8a, c) においては，同じ一時的述語に be 動詞が共起せず，その主語の firemen には存在の意味が付与されることが不可能となっている．つまり，be 動詞が存在の演算子を生成するため，それがない (8a, c) においては，存在の演算子が生成されず，主語の firemen に存在の意味が付与されないと言える．ここから，一時的述語と共起する繰り上げの be 動詞は，存在の演算子を生成し，その主語に存在の意味を付与すると考えることができる．

これとは対照的に，総称の意味は，恒常的述語によって生成されると考えることができる (*cf.* Chierchia 1995)．たとえば，(8e) に見られるように，個体述語 honest は，be 動詞と共起しなくとも，その主語 firemen に総称の意味解釈を付与することが可能である．ここから，個体述語は総称の演算子を生成し，主語の無冠詞複数名詞に総称の意味解釈を与えると考えることができる．つまり，(8e) の firemen は，個体述語 honest によって生成された総称の演算子によって，総称の意味を付与されていると言える．

以上をまとめると，個体述語は総称の演算子を生成し，一時的述語は，それと共起する機能範疇の be 動詞が存在の演算子を生成する，と考える

ことができる．

　ちなみに，存在構文に生じる虚辞の there も，(8f) に見られるように，機能範疇の be 動詞がないと非文法的となる．この there と be の共起関係は，there が be の生成する存在の演算子の音形をもって具現したものと考えることによって，説明可能となるが，詳細は未解決の問題である．

　次に，there 構文の文末の位置に生じる述語の問題を見よう．(6) において，there 構文の末尾には一時的述語が生じることが可能であることを見た．しかし，(9a) に見られる nervous などのような感情を表す述語が，there 構文の末尾に生じた場合，(9b) に見られるように，その感情の原因となる about tonight's competition などの要素が必要となる．

(9) 　a.　?There are musicians nervous.
　　　b.　There are musicians nervous about tonight's competition.
　　　c.　?There are Americans upset.
　　　d.　There are Americans upset with the way the President is handling foreign policy.　　(Pustejovsky 1995, 226)

これは，現在未解決の問題である．可能な解決方法としては，心理的な述語が一時的状態を表すため，「過程＋状態」という複合的な事象構造をもつためと考えることができる．つまり，(9b) の場合であれば，一時的述語である nervous が「過程＋状態」の事象構造をもつため，その感情を引き起こす源である過程事象が存在し，その事象の参与者が統語的に現れていないと，不自然な響きをもつと考えることができる．このような心理的述語だけが，なぜ，原因を表す表現を統語的に必要とするのかは，現在未解決の問題である．

　これとの関連で，dead という述語を見てみよう．dead という述語は，非常に長く続く状態を意味するにもかかわらず，次に見られるように，there 構文の文末に生じることが可能である．

(10)　There are five people dead.　　　　(Carlson 1977)

これは dead が，いくら長く続く状態であっても，生きている状態から死にいたる状態変化の事象を表すことによると考えることができる．つま

り，常識的にどんなに長く続くと考えられる事象でも，状態変化は「過程＋状態」という事象構造をもつため，その述語は一時的述語として認定される．その結果，dead という述語は，存在構文の末尾の位置に生じることが可能となるのである．

　この考えは，un- 受動態 (un-passive) 述語によって支持される．un- 受動態述語は，ある状態から別の状態への境界のある状態 (boundary state) を表す述語であるが，there 構文の末尾に生じることが可能である．

　　(11)　There are pages uncut / benches unpainted.

(11) の uncut は，cut された状態と cut されていない状態の境界を意味することから，「過程＋状態」の状態変化の事象構造をもつことがわかる．そして，このような境界のある状態を表す un- 受動態述語は，一時的述語と認定され，there 構文に生じることが可能となる (Higginbotham 1996)．

6.2　小節における機能範疇

　機能範疇にまつわる別の構文として，小節 (small clause) をあげることができる．小節とは，学校文法でいう SVOC 文型の OC の部分にあたるが，ここでは have と make という使役動詞が選択する小節を中心に考察する．小節には，(12a), (13a), (14a) のように，not や be といった機能範疇が生じるのを許すタイプと，(12b), (13b), (14b) のように，それらの機能範疇の生起を許さないタイプがある．前者のタイプの小節を選択する動詞としては make が，後者のタイプの小節を選択する動詞としては have がある．

　　(12)　a.　John made Ralph not marry Sheila.
　　　　　b.　*John have Ralph not marry Sheila.
　　(13)　a.　John made Bill be shelving books whenever the boss walks in.
　　　　　b.??John had Bill be shelving books whenever the boss walks in.
　　(14)　a.　John made Bill be arrested.

　　　　b. ??John had Bill be arrested.
　　　　　　　　　　　　(Ritter and Rosen 1991, 326–327)

このように，have が選択する小節は，機能範疇の生起を許さないという特徴をもつが，さらに，have の選択する小節には，個体述語が生じないという制限が見られる．

　(15)　a.　John had Mary kiss Mike.
　　　　b.　*John had Mary know French.
　　　　c.　John made Mary kiss Mike.
　　　　d.　John made Mary know French.

(15a, b) に見られるように，have の選択する小節には，kiss Mike という一時的述語が生じることは可能であるが，know French という個体述語が生じることは不可能である．このような制限は，(15c, d) に見られるように，機能範疇の生起を許す make の選択する小節には存在しない．つまり，make の選択する小節には，know French のような個体述語が生じることが可能である．

　では，make が選択する小節では，be や not などの機能範疇が生じることがなぜ可能であるのかを考えてみよう．第1章で，機能範疇は，それを主要部とする投射をもつことを見た．たとえば，not は NegP を投射し，be は PassP を投射する．これらの機能範疇の投射を便宜上，TP としてまとめてみよう．すると，make の選択する小節は，not や be が生じることを許す機能範疇の投射 TP をもつ，(16a) の構造をもつことがわかる．

　(16)　a.　John [VP made [TP Bill be [VP arrested]]].
　　　　b.　John [VP had [VP Bill arrested]].

一方，have の選択する小節は，not や be が生じることを許さないことから，TP という機能範疇の投射をもたない (16b) の構造をもつことがわかる．つまり，have の選択する小節は，主語と述語のみからなる動詞句なのである．

　では，なぜ TP という機能範疇の投射をもつ make の小節だけが，(15d)

のように個体述語の生起を許すのであろうか．この答えは，内項写像の原理に求めることができる．つまり，一時的述語は「過程＋状態」という状態変化の事象構造をもつため，その一時的述語の主語は内項に写像される．その結果，小節の述部が 動詞である場合には，(17a) に見られるように，動詞句のなかにその主語が写像されることになる．

(17) a. John made [TP [VP Mary kiss Tom]].
b. John made [TP Mary [VP like French cooking]].
c. *John had [VP like French cooking].
    └──Mary を置く場所なし

一方，小節の述語が個体述語の場合，その主語は動詞句の外に写像される．make の選択する小節は，動詞句の外に TP という機能範疇を投射するので，(17b) に見られるように，その機能範疇に個体述語の主語を生成することが可能なのである．しかし，have の選択する小節は，機能範疇をもたない動詞句しか投射しないので，(17c) に見られるように，個体述語の主語が生成されるべき動詞句の外の位置がなく，個体述語が生じると非文法的となる．

以上の特徴は，次のようにまとめることができる．まず，have の選択する小節は，DP＋XP という機能範疇をもたないタイプの投射である．そのため，not や be などの機能範疇を認可することはできない．また，have の選択する小節に一時的述語しか生じないのは，個体述語の主語が動詞句の外に生成されるが，その主語が占める動詞句の外の機能範疇が，have の小節には存在しないためである．一方，make の選択する小節は，TP という機能範疇の投射をもつ．そのため，機能範疇の not や be を認可することが可能である．さらに，make の選択する小節の述語に個体述語が生じることが可能なのは，動詞句の外に生成される個体述語の主語が占める位置が存在するためである．つまり，TP という機能範疇に個体述語の主語が生じることが可能であるため，make の選択する小節は，個体述語をもつことが可能となるのである．

最後に，未解決の問題を見ておこう．上で見たように，make の選択す

る小節は，be などの機能範疇の生起を許すが，(18a) に見られるように，小節は be がないと，事象の回数を指定する副詞によって修飾されることが不可能となる (Rothstein 2000, 373)．

(18) a. I made Mary *(be) angry / clever (in class) three times.
　　 b. I made Mary know the answer three times. (three times が know を修飾可能)

ただし，小節で be 動詞がない場合，つねにその小節が事象構造をもてないかどうかは，現在未解決の問題である．たとえばインフォーマントによると，(19) の文のように主文の動詞が want や expect の場合，それらの動詞が選択する小節は，be がなくても，小節の事象の回数を修飾する解釈が可能である．

(19) a. I expect a man dead every time the clock strikes midnight.
　　 b. I want a man dead every time the clock strikes midnight.
　　 c. I expect you awake every time the clock strikes midnight.
　　 d. I want you awake every time the clock strikes midnight.
　　　　 cf. *I had / made a man awake / dead every time the clock strikes midnight. (every time が小節の出来事を修飾する解釈)

また，make や have の選択する小節に虚辞が生起するか，という問題もある．たとえば，make は，(20a, c) に見られるように，there や it といった虚辞をもつ小節を選択できるのに対して，have は，(20b, d) に見られるように，虚辞をもつ小節を選択することができない．

(20) a. John made it seem that Bill was guilty.
　　 b. *John had it seem that Bill was guilty.
　　 c. John made there be computers available for all the students.
　　 d. *John had there be computers available for all the students.
　　 e. John [VP made [TP it [VP seem that Bill was guilty]]].
　　 f. *John [VP had [VP seem that Bill was guilty]].
　　　　　　　　↑——— it を生成不可能

これは，(20e) に見られるように，make が選択する小節が TP であるためである．つまり，TP の指定部は意味役割が与えられない位置なので，意味をもたない虚辞の it や there を生成することが可能なのである．一方，have の選択する小節は，(20f) に見られるように，述語とその主語のみからなる IP をもたない投射 (= VP) であるため，虚辞の it や there を生成する位置がないので，(20b, d) が非文法的な文となるのである (*cf.* Ritter and Rosen 1991, 330)．

しかし詳しく調べてみると，虚辞の there の生起は，もう少し制限がゆるい場合が存在する．あるインフォーマントによると，have には，主節の主語が誰かに命令して，さらに別の人にある動作をさせるという意味がある．たとえば，(21a) の文では，命令をされる人は the maid ではなく，たとえば John の奥さんで，John の奥さんから the maid に，朝食を与えるように手配させた，という解釈が可能である．(21b) の能動態の文でも，John から命令される人は，the maid でも John の奥さんでもよい．

(21) a. John had breakfast given to his child in the morning by the maid.
b. John had his maid give breakfast to his child.

ちなみに，この命令される人は，統語的に投射されることがない．その証拠に，by 句をつけて命令される人を (22) のように明示的に表すことは不可能である．このように，命令される人が統語的に現れることができないのは，命令される人の存在が，have の命令という意味から推論される推論規則によって生じているためである．(推論規則に関しては，中村 (1999) を参照．)

(22) *John had his maid give breakfast to his child by his wife.

このことが正しいとすると，この用法でなら，使役の have の小節にも，虚辞の there が生じることができると考えられる．たとえば，神が天候をつかさどる神に命令をくだして，鳥がどの大陸にもいるようにしたという意味であれば，次の文は容認される．

(23) God had there be birds in every continent.

第 7 章 態

7.1 態の概要

　英語には，能動態と受動態の2つの態 (voice) があり，この2つの態は，ある一定の関係をもって結びついている．たとえば，(1a) の能動態と (1b) の受動態の間には，能動態の文の目的語が受動態の文の主語になり，能動態の文の主語が受動態の文で随意的に by 句として生じる，という関係がなりたつ．第1章において，この受動態にかかわる PassP という投射が，(1c) に見られるように動詞句の上に位置することを見た．本章では，この PassP の統語的側面と意味的側面を考察する．

(1) 　a. 　John kissed Mary.
　　　b. 　Mary was kissed (by John).
　　　c. 　[$_{PassP}$ 　[$_{VP}$ 　]]

7.2 受動態の統語的特徴

　生成文法における最近の分析では，受動態の文は，能動態の文から直接派生されることはなく，能動態の文とは異なる基底構造から派生される．たとえば，受動態の動詞は，次の特質をもつ受動態分詞の形で基底構造に導入される．

(2) 　受動態分詞の形態素 -en の特徴
　　　(a) 　動詞の外項の意味役割を吸収し，
　　　(b) 　動詞の与える対格を吸収する．

受動態形態素のこの性質を，(1a)の能動態の文と(1b)の受動態の文を比較しながら考えてみよう．まず(1a)の kiss という能動態の動詞は，(3a)に明示される語彙記載項目（lexical entry）をもつ．

(3) a. kiss [Agent, Theme] ⟨+Acc⟩
    b. kissed [φ, Theme, (by Agent)] ⟨−Acc⟩

この語彙記載項目により，(1a)の能動態の文の動詞 kiss は，(4a)に見られるように，主語にあたる外項 John に動作主（Agent）という意味役割を与える．さらに，動詞 kiss は目的語にあたる内項に主題（Theme）という意味役割を与える．また，主語の John は時制要素（T）と主格（Nom）を照合し，目的語の Mary は動詞（または v）と対格（Acc）を照合する．

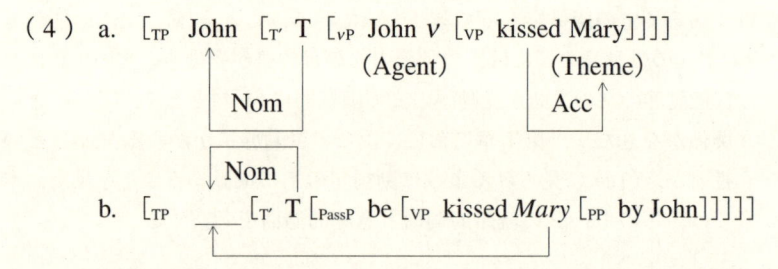

(4) a. [TP John [T' T [vP John v [VP kissed Mary]]]]
                      (Agent)   (Theme)
              Nom   Acc
              Nom
    b. [TP ___ [T' T [PassP be [VP kissed *Mary* [PP by John]]]]]

一方，これに対応する受動態は，kissed という受動態分詞の形態素が，(3b)に見られるように外項に与えられていた意味役割を吸収し，それをby句に転送する．さらに，この受動態形態素は，動詞がもつ対格を吸収する．その結果，(1b)の受動態の文は，(4b)の基底構造をもつ．この構造において，動作主の意味役割をもつ John は by 句に基底で生成され，主題の意味役割をもつ目的語の Mary は目的語の位置に生成されているが，動詞は対格の素性をもたないので，格の照合がされることはない．しかし，名詞句は格を照合されないと統語部門において認可されない（= 格フィルター）ので，目的語の Mary は，主語位置へ移動して T と主格を照合する（目的語の主語位置への移動は，節が主語を必要とするという拡大投射原理（Extended Projection Principle: EPP）の要請にも従っている）．ここで，目的語位置から主語位置への移動操作が関与している証

拠として，(5) の熟語の断片 (idiom chunk) の証拠をあげることができる．

(5)　a.　Advantage was taken of Mary.
　　　　b.　Attention was paid to the accident.

(5a) の文において，take advantage of という熟語の断片である advantage が，熟語の他の部分から切り離されて主語位置に生じているが，この事実は，基底で1つのまとまりをなしていた熟語の一部が，移動の操作を受けたと考えることで説明が可能となる．

　以下，このように考えることによって説明可能となる事実を考察しよう．まず，能動態の主語位置に生じる good enough という表現が，受動態の by の補部に生じないという事実がある．

(6)　a.　Anyone / Good enough can do it.
　　　　b.　It can be done by anyone / *good enough.

この good enough という表現は，TP の指定部という主語の位置を占める性質をもつため，基底で by 句の補部に生成されると，(6b) のように非文法的となるのである．

　次に，能動態において選択されない that 節が，受動態で主語位置に生じて文法的になる現象を考えてみよう．

(7)　a.　The grammar expresses [$_{DP}$ the fact that the rule is obligatory].
　　　　b.　*The grammar expresses [$_{CP}$ that the rule is obligatory].
　　　　c.　[$_{CP}$ That the rule is obligatory] is expressed by the grammar.
　　　　　　　　　　　　　　　　　　　　　(Grimshaw 1982)

動詞 express は，(8) のように CP と DP を選択し，対格を付与すると考えよう．

(8)　express [+＿＿CP / DP] 〈+ Acc〉

能動態の文 (7b) において，節は格を必要としないため，動詞のもつ対格

を照合すべき要素がなく，非文法的となる(中村 1991)．一方，受動態の文 (7c) は，対格が受動態分詞によって吸収されるため，照合されないまま残る格はなく，文法的となる．この考えは，次の事実によっても支持される．

(9) a. John presupposed [DP the truth].
b. *John presupposed [CP that Mary was here].
c. [CP That Mary was here] was presupposed.
（Roeper, 1986 年の TEC での講義）
d. presuppose: [+ ___ CP / DP] ⟨+Acc⟩
e. John supposed [CP that Mary was here].
f. *John supposed [DP the truth].
g. *[CP That Mary was here] was supposed.
h. suppose: [+ ___ CP / DP] ⟨−Acc⟩

動詞 presuppose は，(9d) に見られるように対格を照合できるので，(9a) の場合には目的語の名詞句と対格を照合して文法的となり，(9b) の場合には節と対格の照合を行なえず，非文法的となる．一方，(9c) の受動態では，対格が受動態分詞に吸収され，節が内項の場合にも文法的となる．これとは対照的に，動詞 suppose は，(9h) に見られるように対格の素性をもたないので，(9f) のように目的語に名詞句が生じると，格フィルターにより非文法的となる．また，(9e) の能動態において，節は格を必要としないので文法的となるが，(9g) の受動態においては，受動態の形態素が対格を吸収できず，非文法的となる．

動詞が疑問文を内項に選択する場合にも，同じパターンが見られる．(10e) に見られるように，対格を照合可能な ask は，(10c) のように文法的な受動態となるが，(10f) に見られるように対格を照合することができない wonder という動詞は，(10d) のように非文法的な受動態となる．

(10) a. John asked [CP what time it was].
b. John wondered [CP what time it was].
c. It was asked what time it was.

d. *It was wondered what time it was.
e. John asked [$_{DP}$ the time].
f. John wondered [$_{PP}$ *(about) the time].
　　　　　(Chomsky 1995, 32–33; Pesetsky 1982)
g. John insisted (*on) that Mary was innocent.
h. That Mary was innocent was insisted *(on).
i. insist [+ ___ PP / CP]

　以上，受動態の統語的側面を考察した．その内容を整理すると，まず受動態の文は能動態の文から直接派生されるという関係をもたない．たとえば，受動態分詞は，能動態の動詞と異なり，動詞の外項の意味役割を吸収し，動詞の与える対格を吸収するという性質をもつ．さらに，受動態の by 句は，基底で前置詞句として生成され，能動態の主語に与えられる意味役割が by 句に転送されることで，主語の意味役割をもつ．

　最後に，受動態にかかわる未解決の問題を見よう．興味深いことに，that 節を選択する動詞に関しては，インフォーマント間で文法性の判断に差が見られる．たとえば，(7) と (9) で見た express, presuppose などの動詞は that 節を選択することが可能だという，英米のインフォーマントが存在する．しかし，これらの動詞が名詞句を選択することを不可能と判断するインフォーマントは存在せず，どのインフォーマントにとっても，能動態の動詞が名詞句を選択できる場合に，that 節の受動態も容認可能と判断する．つまり，動詞が対格を照合する能力をもつ他動性をもつ動詞は，節の受動態も可能であると考えることができる．このような動詞の選択する範疇にどのような差異が見られるのかは，現在のところほとんど研究されていない．

　また，(7b, 9b) で express や presuppose という動詞が，対格を照合すべき DP をもたない場合に非文法性が生じることを見たが，この非文法性をどのような原則から導き出すかも，現在未解決の問題である．可能な解決方法としては，動詞が対格素性をもつ場合，その対格素性が目的語の DP によって照合されることによって取り除かれないと，論理形式 (LF) において意味解釈と関係のない格素性が残り，非文法的な表示となるため

派生が破綻すると考えられるが，詳細は未解決の問題である．
　類似の問題を提示する事例として(10g, h)がある．(10g)から明らかなように，動詞 insist は能動態において that 節を選択する場合，前置詞 on が生じると非文法的となるが，受動態においては，(10h)に見られるように，on が義務的に生じなくてはならない．これは，(10g)の能動態の文において，on が生じると，that 節が格を必要としないため，on がもつ対格素性が照合されず非文法性が生じると考えられる．一方，受動態の(10h)においては，on が生じると，それがもつ対格が受動態分詞によって吸収されるため，照合されずに残る対格素性はなく，文法的になると考えられるが，疑似受動文の派生なども含めて，詳細は現在未解決の問題である．
　別の問題として，伝統文法でいう SVO の構文をあげることができる．

(11)　a.　John resembles Mike.
　　　b.　*Mike is resembled by John.

動詞 resemble などは，(11a)のように名詞句を内項に選択するが，受動態は(11b)のように非文法的となる．これがなぜであるかは未解決の問題である．1つの解決策としては，移動によってできる連鎖の性質によって説明する方法が考えられる．Chomsky (1995, 91) に従って，移動によってできる連鎖 (chain) は(12)のように等質な「項←項」と「非項←非項」の連鎖に加えて，「演算子←変項」によって形成される「非項←項」の連鎖に限られると考えよう．

(12)　合法的な連鎖: 項←項，非項←非項，非項←項

すると，(13a)の能動態の文が(13b)に見られるように受動態をもつことが不可能であるのは，動詞に後続する名詞が動詞の項ではなく，述語という非項として働いているためと考えることで，説明可能となる．つまり(13b)の受動態の文は，(13c)に見られるように，「項←非項」という非合法的な連鎖が形成されてしまうので，非文法的となると考えることができる (*cf.* Rizzi, 1993 年の東京大学での講義).

(13) a. John resembles Mike.
   b. *Mike is resembled by John.
   c. A-位置 is resembled Mike（A′位置）by John.

7.3 受動態の意味的特徴

　本節では，受動態の意味的特質を，第4章で述べられた相の側面に焦点をあてて詳細に論じる．すでに4.1で，動詞は相の点から完了相と未完了相に大別できることを見た．この区別は，英語の能動態と受動態においても見られる．まず，(14a, b)の文を考えてみよう．

(14) a. John painted the wall in / for an entire hour.
   b. The wall was painted (by John) in an hour.
   c. 　　　　Transition
   　　　　Process*　　State
(15) The wall was painted in / ??for an entire hour.

(Snyder 1998)

　paint という達成動詞は，(14c)に見られるように，paint する行為を表す過程事象（Process）と，paint が終わった結果の状態（State）の事象をもち，全体として状態変化の推移事象（Transition）を表す．この paint する過程事象の時間の長さを明記する場合，過程事象の未完了の性質から，(14a)に見られるように未完了の副詞表現 for an entire hour が用いられる．一方，paint が終了するまでの時間の長さを明記する場合，推移事象の性質から(14a)に見られるように，完了相の副詞表現 in an entire hour が用いられる．興味深いことに，この文の受動態では，(15)に見られるように，その過程事象を未完了の副詞表現が修飾することが，不可能となる．以下，この理由を考察する．

　まず，能動態の文の相が，副詞的要素によって変化する事例を見よう．

(16) a. John painted a picture for / in an hour.

　　　　b. paint: [Process*, State]

　paint という達成相の動詞は，(16b) に見られるように，「過程*＋状態」という事象構造をもち，際立ちのある過程事象が，事象修飾の認可条件により，for an hour などの未完了相の副詞表現によって修飾されることが可能である．この結果，(16a) の for an hour をもつ文は，paint する過程の長さが 1 時間と解釈される．また，paint を含む動詞句の相は，事象投射の原則により，動詞の「過程＋状態」の推移事象が投射されることにより，完了の相をもつことになる．このように「過程＋状態」の完了相をもった動詞句は，in an hour という完了相を選択する副詞表現と共起すると，1 時間で paint の事象が終了したという意味解釈をもつ．

　興味深いことに，この文に二次述部が生じると，副詞の修飾可能性が変化し，(17a) のように，in an hour による修飾が不可能となる．

(17)　a. John painted a picture *drunk* for / *in an hour.
　　　b. drunk: 〈Process, Process〉
　　　c. 　　　　〈Process〉& for an hour: ［過程または状態を選択］

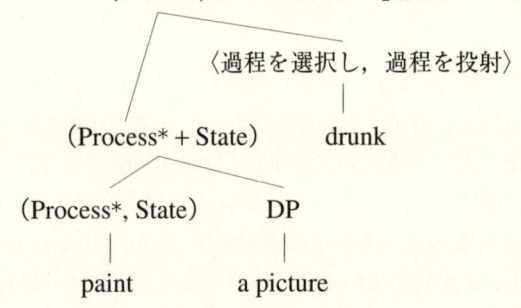

　　　　　　　　〈過程を選択し，過程を投射〉
　　　　　　　　　　　　│
　　　(Process* ＋ State)　　drunk
　　　　　　　　　　
　　(Process*, State)　　DP
　　　　│　　　　　　│
　　　paint　　　a picture

　これは，二次述語が意味的な主要部として事象関数をもち，壁を塗る過程のほうに焦点をあて，状態変化の推移事象を背景化して，その際立ちをなくすためである (*cf.* Rapoport 1999, 661)．具体的には，二次述語 drunk は，(17b) に見られる事象関数をもち，過程の事象を選択して，その過程の事象だけを動詞句に投射する．この事象関数の適用の結果，(17a) の文は，(17c) に表されるように，動詞句全体が過程の事象をもつことに

なる．この動詞句のもつ過程事象は未完了の相をもち，for an hour という未完了相の副詞表現と共起可能となる．ここで，paint という達成動詞が「過程＋状態」の複合事象をもつにもかかわらず，そのうちの過程の事象だけが選択されて動詞句に投射されるのは，drunk という二次述語の事象関数が過程事象を焦点化し，結果状態を背景化するためであると言える．

これと逆の状況を，結果の述語に見ることができる．すなわち，二次述語が過程の事象を焦点化するのに対して，(18a) に見られる結果の述語は，動詞の表す動作の結果状態を焦点化する．

(18) a. John hammered the metal *flat*.
b. John hammered the metal for an hour.

動詞 hammer は，本来，過程の事象しかもたない活動相の動詞であるので，(18b) に見られるように，未完了相を選択する副詞表現 for an hour と共起可能である．しかし，この文に結果の述語 flat が生じると，述部全体は状態変化の推移事象に変化し，(19a) に見られるように，もはや for an hour という未完了の副詞表現とは共起できなくなる．

(19) a. Jones hammered the metal flat in / ?for an hour.
(Rapoport 1999, 670)
b. 〈Process, Transition (= Process + State*)〉
c. (Process + State*) & in an hour:［過程＋状態を選択］

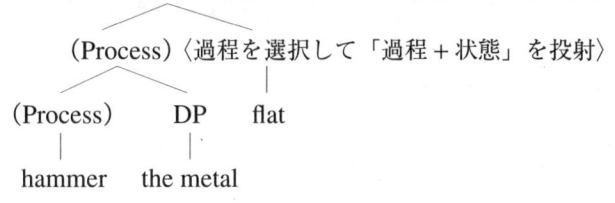

(Process)〈過程を選択して「過程＋状態」を投射〉

(Process)　　DP　　flat
｜　　　　｜
hammer　the metal

これは，結果状態の述語 flat が意味的主要部として，(19b) のように，動詞のもつ過程の事象を選択して，動詞句に結果状態が際立ちをもつ「過程＋状態*」という推移事象を投射する事象関数であるためである．具体的には，結果述語の flat は，(19c) に見られるように hammer the metal のもつ過程の事象（Process）を選択して，動詞句に状態変化の推移事象

(Process + State*) を投射する．その結果，推移事象をもつ動詞句は，状態変化の性質上，完了の相をもつことになる．そのため，動詞句は in an hour という「過程＋状態」の推移事象を選択する完了の副詞表現と共起可能となる．さらに，(19b) の事象関数に見られるように，動詞句の「過程＋状態*」の推移事象は，結果状態の事象に際立ちをもつため，過程の事象には，もはや際立ちがなくなる．その結果 (19a) に見られるように，事象修飾の認可条件により過程事象はもはや修飾の対象とはならず，for an hour といった未完了相を選択する副詞表現が共起不可能となるのである．

ただし，この文は，結果状態に際立ちがあるので，for an hour が際立ちのある結果状態を修飾することは可能である．しかし，metal が 1 時間だけ flat になったという状況は考えにくいので，この解釈は変則的な響きをもつ．ちなみに，インフォーマントによれば，特別な談話を設定すれば，この修飾関係はなりたつ．たとえば，1 時間後にもとの姿に戻る形状記憶の金属に関する状況を記述する場合には，(19a) の文で，for an hour が the metal の結果状態を修飾することが可能である．

結果述語の文においては，結果状態の事象のほうに際立ちがあることは，パラフレーズの可能性からも確認することができる．

(20) a. Jones hammered the metal flat.
  a′. Jones made the metal flat by hammering it.
  b. [Jones CAUSE [metal BECOME (AT) flat] BY [Jones 'hammer' metal]]

(20a) の結果構文を (20a′) のように言いかえると，統語的な主要部である動詞が，副詞的に格下げされた表現になる．このパラフレーズは，結果述語が意味的主要部になっていることを示している((20b) は (20a) の語彙概念構造であり，統語上，主動詞の hammer が BY 句に格下げされている．)

以上，能動文において副詞的要素によって相が変化する事例を見たが，同じ相の変化が受動態にも見られる．

(21)　a.　John painted the house for / in an hour.
　　　b.　The wall was painted (by John) in / ??for an entire hour.
　　　　　〈過程＋状態*〉

つまり，(21a) に見られるように，能動態の文では過程の事象を for an hour が修飾することが可能であるが，(21b) の受動態の文においては，その修飾が不可能になっている．この問題を解決するために，受動態分詞が次の事象関数をもつと考えよう．

(22)　受動態分詞 -en:〈Process* ＋ State, Process ＋ State*〉

この事象関数は，左側の過程事象にある際立ちを，右側の結果状態の事象に移す (right-headed) という働きをもつのであるが，この関数を適用した結果，(21b) の受動態の文は，結果状態の事象が焦点化され，過程事象が背景化される．そして過程事象が際立ちを失った結果，事象修飾の認可条件によって，際立ちのない過程事象が未完了の副詞表現 for an entire hour によって修飾されることが，不可能となるのである．

　このように受動態の文は，複合事象の結果状態の事象が焦点化され，際立ちをもつのであるが，この考えは様態の副詞の分布によっても支持される．

(23)　a.　John painted the wall quickly.
　　　b.　The wall was painted quickly.
　　　c.　a fallen leaf / ??a quickly fallen leaf
　　　　　an escaped convict / ??a carefully escaped convict

(23a) の文に見られるように，能動態では達成動詞の際立ちのある過程事象を，quickly という副詞が修飾することが可能であるが，インフォーマントによると，受動態ではその副詞が過程事象を修飾することが難しくなる．これは，(22) の事象関数によって受動態の結果状態が焦点化された結果，過程事象が際立ちを失うため，事象修飾の認可条件によって，過程事象がquickly という副詞によって修飾される対象とならなくなるためである．ちなみに (23b) については，paint the wall という事象全体が quick であったという，全体の事象を副詞が修飾する解釈は可能である．

また，インフォーマントによると，同じ分布が，名詞を修飾する (23c) の用法においても見られる．つまり，名詞を修飾する自動詞由来の過去分詞も，過程事象が背景化され，結果状態の事象が焦点化されるため，quickly などの過程事象を修飾する副詞が認可されない．

　次に，hit や know のような過程や状態のみの事象をもつ動詞が，be 受動態で相の変化を引き起こすかを考察しよう．過程や状態の事象は時間的に限定されない性質から，未完了の相をもつが，この性質は，能動態においても be 受動態においても引き継がれ，(24) に見られるように，ともに for an hour という未完了相の副詞と共起する．

(24) a. John hit the girl for an hour. ↔ The girl was hit for an hour.
　　　b. John knows the girl for 30 years. ↔ The girl is known by John for 30 years.

つまり，受動態分詞 -en は，「過程＋状態」という複合事象をもつ場合に，際立ちを結果状態に移す働きをするが，そもそも1つしか事象が存在しない場合には際立ちの変化は生じないので，受動態において相に変化はない．

　最後に，動詞に後続する名詞句の解釈が，受動態においてどのような影響を与えるかを考察する．まず (25a) の文は，目的語の the track の解釈に関して多義的で，the track には，どのくらいの距離を走ったかとか何周走ったかという，run という事象の進み具合を示す尺度の解釈と，run という事象が生じた場所の解釈とがある．

(25) a. John ran the track.
　　　b. John ran *the track* in an hour.（尺度解釈）
　　　c. John ran *the track* for an hour.（場所解釈）
　　　d. The track was run by John in an hour.
　　　e. *The track was run by John for an hour. (*cf.* Tenny 1987)

尺度解釈がなされる (25b) は完了相をもつため，in an hour という完了の副詞表現と共起可能となる．一方，場所解釈がなされる (25c) の場合，the track が run という事象の起こった場所を示しているだけで，事象は

時間的に限定されず未完了相をもつこととなり，for an hour という未完了の副詞表現と共起可能となる．未完了の副詞表現 for an hour が生じる場合，その受動態は (25e) に見られるように非文法的となる．これはなぜであろうか．まず，未完了相の場所解釈の名詞句が代名詞の場合，(26a) に見られるように，there という副詞的な表現をとることが可能となる事実に注目してみよう．

(26)　a.　John ran the track / there for ten minutes.
　　　b.　What do you wonder whether John ran ??in / ???for three minutes?
　　　c.???Where do you wonder whether John danced?
　　　d.　The track was run the track for three minutes.
　　　　　　　↑　　　　　　　｜
　　　　　　項位置　　　　　非項位置

(26a) の副詞的表現との交替の事実は，場所解釈の名詞句が疑似的な項で非項の位置を占めていることを示唆している．実際，(26b) に見られるように，未完了相に生じる場所解釈の the track を what という wh 句にして，wh の島 (wh-island) から移動した場合の文法性は，インフォーマントによれば，(26c) に見られる非項である副詞の where が wh の島を越して移動した時と，同じくらい低い．つまり，場所解釈の名詞句は，統語的に非項の位置を占めると考えることができる．このような非項の位置を占める場所解釈の名詞句が，受動態において主語という項の位置に移動すると，(26d) に見られるように，「項 ← 非項」という 7.2 の (12) で見た連鎖条件に合わない，非合法的な連鎖が形成されてしまう．その結果，場所解釈の名詞句は受動態になることができないのである．(イタリア語の類例に関しては，中村 (2000, 127) を参照．)

このように，目的語の名詞句が尺度解釈と場所解釈とで多義的となる例は，このほかにも，read a book という述部にも見られ，a book が読んだ場所，つまり情報の出所 (= read from a book not from a magazine) と解釈される場合に未完了相になり，for an hour という未完了の副詞表現と共起し，受動態が不可能となる．一方，a book がどこまで読み進んだ

かの尺度と解釈されると完了相となり，in an hour という完了の副詞表現と共起し，受動態が可能となる．ちなみに，解釈の多義性が生じるか否かは，動詞句の意味に依存しており，たとえば，build a house や write a novel のような創作動詞 (creation verb) は，目的語が尺度にのみ解釈される傾向が強いので，完了相のみを許し，受動態も可能となる．一方，drive a car という動詞句は drive in a car の意味を持つため，未完了を表す傾向があり，その意味では受動態は容認されない (*cf.* McClure 1995)．

　以上，受動態を相の点から考察したが，その特徴は，次のようにまとめることができる．まず，be 受動態において，hit や love といった過程や状態の単独事象をもつ動詞は，受動態においても相は変化しない．そのため，両方の事象は能動態においても受動態においても，時間的に限定されない未完了の事象を表し，for～ という未完了の副詞表現と共起する．一方，「過程*＋結果状態」という過程事象に際立ちのある状態変化の達成動詞は，受動態分詞の形態素 -en の事象関数によって結果状態に際立ちが移され，完了相をもつ．その結果，時間的に限定される事象を選択する in～ という完了相の副詞表現とのみ，共起可能となる．そして，目的語が尺度として解釈される場合，文は完了の事象を表し，受動態が可能となるが，目的語が場所と解釈されると，文は未完了の事象を表し，受動態が非文法的となる．

　最後に未解決の問題をあげよう．Levin (1993, 43) によると，(25c) の John ran the track. という文に見られる，未完了相を作り出す場所解釈の名詞句 the track は，基底構造では前置詞をもち，その前置詞が削除されることによって派生される．この考えを採用すれば，動詞 run は対格を照合しない自動詞となり，場所解釈の名詞句は動詞の補部でない前置詞句に生じていることになる．場所表現の前置詞句は受動態になれないと考えることで，(25e) の非文法性は説明可能となるが，詳細は現在未解決の問題である．

　また，事象の際立ちの変化に関する問題がある．たとえば，(17a) の文 John painted a picture drunk for / *in an hour. で，二次述語 drunk が過程の事象を焦点化し，in an hour のような完了相を選択する副詞表現と共

起不可能となる現象を見たが，これはどれだけ一般的であるのだろうか．たとえば，多くのインフォーマントは，drunk のような二次述語がついても，次の (27a–c) のような完了の相を容認する．

(27) a. John drove from Storrs to Boston drunk in two hours.
b. John walked under the bridge drunk in one hour.
c. John walked to the station drunk in one minute.
d. John painted the wall black quickly.

一方，結果述語が結果状態を焦点化することを見たが，(27d) のように，結果状態の述語 black と過程を修飾する quickly が共起しても，多少ぎこちない (clumsy) 程度という判断をするインフォーマントが多いので，詳しくは未解決の問題と言える．

さらに，受動態分詞の形態素である -en が，結果状態を焦点化するため，文の相を変化させることを見たが，相の変化は名詞句内における受動態にも見られる．たとえば，(28a, b) を比較すると，(28b) に見られるように目的語の名詞句が前置されると，過程事象に際立ちがなくなり，for two months という未完了相の副詞表現が生じることが不可能となる．

(28) a. John's destruction of the forest for / *in two months occurred last summer.
b. *?The forest's destruction for two months occurred last summer.
c. *Cities were destroyed by the barbarians.
d. *cities' destruction (by the barbarians)

(Fellbaum 1987, 82)

この名詞句内に生じる事象の変化は，目的語が前置される場合，名詞にも音形を持たない -en が存在し，それが結果状態の事象に際立ちを与えていると考えることで説明可能となるが，詳細は現在未解決の問題である．

ちなみに，文と名詞の平行性は無冠詞複数名詞句にも見られ，たとえば，文においても名詞句内においても無冠詞複数名詞は，(28c, d) に見られるように受動態は許されない．これらの文を容認可能にするために

は，citiesに焦点を置いて，話題にのぼっているcitiesのいくつかという，限定された数量詞の解釈をしなければならない (cf. Borer 1994, 41)．この点に関しても，現在ほとんど研究はなされていない．

7.4 形容詞的受動態の統語的特徴

本節では，(29) に見られる受動態分詞が形容詞の性質をもつ，形容詞的受動態 (adjectival passive) の統語的側面を考察する．

(29) a. The money is paid.
b. The money seems / looks paid.
c. *un*paid money

(29a) の受動態分詞 paid は，形容詞という統語範疇をもつため，(29b) に見られるように，形容詞を補部に選択する look や seem といった動詞の補部に生じたり，(29c) に見られるように，形容詞に許される un- という接頭辞をつけることが可能である (cf. Wasow 1977)．この形容詞の範疇を形成するために，まず paid という受動態分詞は (30a) の語彙規則によって，統語範疇が動詞から形容詞に変換される．

(30) a. [$_V$ V-en] → [$_A$ [$_V$ V-en]]
b. 内項を外項にせよ
c. [Agent, Theme] → [Theme]

さらに (30b) の語彙規則により，主語にあたる外項が削除され，そのかわりに目的語にあたる内項が，(30c) に見られるように外項に変換される．その結果，形容詞的受動態は，(31a) に見られるように，意味上の目的語が vP の指定部の位置に生成されることになる．

(31) a. [$_{TP}$ The money [$_{T'}$ [T [$_{vP}$ the money [$_{VP}$ be [$_{AP}$ [$_A$ [$_V$ paid]]]]]]]]
b. *Advantage seems taken of Mary.

このように，形容詞的受動態の主語は基底で意味役割が与えられるので，(31b) に見られるように，意味の与えられない熟語の断片が主語位置に生

じると非文法的となる.

　以上をまとめると，形容詞的受動態は，受動態分詞が形容詞という範疇をもち，その主語は，変形によって目的語の位置から移動することはなく，語彙規則により主語の位置に基底生成される．

　形容詞的受動態にまつわる未解決の問題を，1つあげよう．形容詞的受動態の文には，動詞が選択する項に，ある制限が課される．たとえば，(32c, e) の非文法性から明らかなように，動詞 feed は間接目的語を義務的に選択し，動詞 sell は直接目的語を義務的に選択するため，それらが統語的に表示されないと，θ 基準 (θ-criterion) により非文法的となる．そして，形容詞的受動態においても，(33b, c) から明らかなように，義務的な項が現れないと非文法的となる．

(32)　a.　Max sold customers the car.
　　　b.　Max sold the car.
　　　c.　*Max sold the customer.
　　　d.　Max fed the baby some cereal.
　　　e.　*Max fed some cereal.
　　　f.　Max fed the baby.
(33)　a.　The car seems unsold.
　　　b.　*The customer seems unsold.
　　　c.　*The cereal remains unfed.
　　　d.　The baby remains unfed.　　(Levin and Rappaport 1986)

しかし，θ 基準だけでは扱うことが不可能な動詞類が存在する．たとえば，spray という動詞は，内項として場所と道具の意味役割を選択するが，そのどちらも義務的に選択されていないため，(34a, b) に見られるように，どちらが省略されても文法的となる．

(34)　a.　John sprayed the wall (with red paint).
　　　b.　John sprayed red paint (on the wall).
　　　c.　The wall remains sprayed (??with red paint).
　　　d.　Red paint remains sprayed (*on the wall).

しかし，対応する形容詞的受動態は，道具や場所が (34c, d) のように統語的に表示されると，非文法的となってしまう．同じ振る舞いをする動詞として spread などいくつかの動詞が存在するが，これらの例は，形容詞的受動態には θ 基準以外の制約が必要であることを示唆している．つまり，内項が統語的に投射されると，形容詞的受動態が阻止されるのであるが，この制約をどのような原則から導くかは，現在未解決の問題である．

7.5 形容詞的受動態の意味的特徴

本節では，形容詞的受動態の意味的な性質を考察する．まず第一に，形容詞的受動態の分詞は，事象の副詞表現を認可することができない．たとえば three times という，事象の生じた回数を明記する副詞表現は，(35a) の小節の動詞 know を修飾することは可能であるが，(35b) の小節の形容詞である angry / clever を修飾することは不可能である．

(35) a. I made Mary know the answer three times.
b. I made Mary angry / clever (in class) three times.
c. I made Mary be angry / clever (in class) three times.

つまり，(35b) では，three times が主文の動詞 make を修飾して，強制する行為を 3 回行なったという解釈は存在するが，小節の clever や angry という形容詞を修飾して，3 回 angry や clever な状態にしたという解釈は存在しない．この解釈を可能にするためには，(35c) のように，小節に be という機能範疇が生じることが必要となる．これは，形容詞の範疇が単独では事象構造をもたず，動詞の力を借りてはじめて事象構造をもてるようになるためである (Rothstein 2000)．そしてインフォーマントによると，小節に生じる受動態の分詞は，次の (36a) に見られるように，be 動詞なしで three times という副詞表現によって修飾されることが可能であるが，形容詞的受動態の分詞は，(36b) に見られるように，be 動詞がないと three times がその分詞を修飾することが不可能である．

(36) a. I made Mary given ice cream three times.
b. I made Mary untouched three times.

　　　　c.　I made Mary be untouched three times.

つまり，小節を修飾するためには，形容詞的受動態の分詞は (36c) に見られるように，機能範疇の be 動詞が必要となる．ここから，動詞的受動態の分詞が動詞という統語範疇をもつのに対して，形容詞的受動態の分詞は，純然たる形容詞という統語範疇をもち，機能範疇の助けを借りないと単独で事象構造を形成できないことが判明する．

　形容詞的受動態の第二の意味的な特徴として，事象構造の参与者の性質をあげることができる．この点を，bring と transfer という動詞を中心に考察してみよう．

(37)　a.　John transferred some money (to the bank).
　　　b.　John brought some money (to the bank).
　　　c.　the transferred money
　　　d.　*the brought money
　　　　　　　　(Doron and Rappaport Hovav 1991, 91)

この2つの動詞は，(37a, b) に見られるように，ともに内項を1つだけ義務的に選択するが，7.4 で見た語彙規則を適用して，義務的な内項を外項にした形容詞的受動態を形成すると，(37c, d) に見られるように transfer だけが文法的となる．この違いは，どこからくるのであろうか．その理由を，これらの事象構造とその参与者を明示した (38a, b) を比較しながら考えよう．

(38)　a.　*transfer*　　　　　　　b.　*bring*
　　　　(Process)　(State)　　　(Process)　(State)
　　　　John, money　money　　John, money　John, money

まず，(38a) に見られるように，John が money を bank に transfer する過程事象に参与するのは，transfer という行為を遂行する John と，transfer という行為を受ける money の2つである．そして，transfer された結果，money だけが bank に存在する状態になるので，その状態事象の参与者は money だけとなる．一方，(38b) に見られるように，John が money を bank に bring する過程事象に参与するのは，bring という行為

を遂行する John と，その行為を受ける money の 2 つであるが，bring された結果状態の事象に参与するのは，transfer の場合とは異なり，John と money の 2 つである．これは，bring という行為をすれば，かならず bring する人と bring される対象物がともに移動するためである．

さて，7.4 で見たように，形容詞的受動態を形成する語彙規則は，語彙部門において内項を外項化する操作であるから，主語にあたる外項を取り去らなければならない．この操作は，項構造の基盤となっている事象構造において，次に見られるように，外項にあたる参与者を消すという操作を意味する．

(39) a. *transfer*　　　　　　　　b. *bring*
　　　（Process）（State）　　　（Process）（State）
　　　John, money　money　　　John, money　John, money
　　　　　↓　　　　　　　　　　　　↓
　　　　　φ　　　　　　　　　　　　φ

この参与者を消し去る操作によって，過程事象の参与者 John が過程事象から消されると，bring の場合，(39b) に見られるように，消された参与者と同じ John が状態事象に残ってしまう．これは，外項である John を完全に消し去ることが事象構造においてできなかったことを意味し，その結果，内項の money を外項化することも不可能となり，その形容詞的受動態が非文法的となるのである．一方，(39a) に見られる transfer の場合，過程事象から外項にあたる参与者の John を消し去ると，それと同一の参与者は状態事象に存在しないため，外項が完全に削除され，内項を外項化する操作によって文法的な形容詞的受動態が形成可能となるのである (*cf.* Doron and Rappaport Hovav 1991, 85)．

外項を事象構造において完全に消去するという原則は，一般的な性質のもので，能動受動態 (middle) においても観察することができる．

(40) a. The money won't transfer easily.
　　　b. *The money won't bring easily.
　　　　　　　　　　　　(Doron and Rappaport Hovav 1991, 85)

能動受動態を形成するさいも，内項が主語の位置に現れるため，語彙規則によって外項を語彙部門で写像しないという操作が必要となる．そしてこの操作は，(40b) に見られるように，bring という動詞には適用することが不可能である．これは，形容詞的受動態の場合と同様に，状態事象に外項と同じ参与者がかならず存在するため，外項を取り去る操作を完全に遂行できないためである．

以上，形容詞的受動態の意味的特徴を見てきたが，その主な点は，動詞的受動態と比較するとわかりやすい．まず形容詞的受動態は，動詞的受動態と異なり，その分詞が be 動詞などの機能範疇の助けを借りないと，単独では事象構造を形成できない．そのため，形容詞的受動態の分詞は，単独では事象の副詞によって修飾されることが不可能である．さらに，形容詞的受動態は，外項が削除され，内項が外項化されるという操作を受ける．外項を削除するさいには，もとの主語にあたる外項の参与者をすべて消し去り，それと同一の参与者が残っていてはならないという制約が課される．このような事象の参与者に課される制約は，動詞的受動態には見られない．

7.6 By 句の特質

この節では，受動態に生じる by 句の特質を論じる．まず，受動態に生じる by 句は，(41) に見られる everyone など，一般的な人を表す場合に省略可能となる．

(41) It is well-known (by everyone) that the earth revolves around the sun.

しかし，by 句の省略可能性は，さらに相の制約も受けている．たとえば，特定の行為者を表す by 句の省略は，(42a) に見られるように，design などの過程事象を表す動詞の場合には可能であるが，(42b) に見られるように，build などの何かを生み出す (effective) 状態変化の事象を表す動詞の場合には，不可能である．

(42) a. This house was kicked (by John).

　　　　b. This house was built *(by John).
　　　　　　　　　　　　　(Grimshaw and Vikner 1993)

つまり，特定の人物を表す名詞句が by 句の補部に生じていても，by 句は省略可能な場合と省略不可能な場合とが存在する．この by 句の省略可能性を，対応する能動態の事象構造と参与者を考慮しながら考えてみよう．

　(43)　a.　John kicked a house.
　　　　b.　（Process）
　　　　　　John, house

(43a) の文は kick という過程事象をもち，その参与者は (43b) に見られるように，kick する主体の John と kick される客体の house である．一方，(42b) に対応する次の能動態の文は，異なる事象構造をもつ．

　(44)　a.　John built a house.
　　　　b.　（Process, State）
　　　　　　John　　house

(44b) に示されるように，build という動詞は，家を建てる行為である過程事象と，house が完成した結果状態の状態事象をもつ．そして，建てる行為の過程で house はまだ存在しないため，過程事象の参与者は John だけである．一方，建てられた結果 house は存在するため，状態事象の参与者は house となる．

　さて，これらの文に対応する受動態では，主語にあたる参与者が受動態分詞 -en の性質により吸収されるため，その参与者が事象構造でも削除されたり背景化されたりする．この状況を事象構造で表すと，(45b) と (46b) になり，主語にあたる参与者が過程事象から消されることになる．

　(45)　a.　The house was kicked φ.
　　　　b.　（Process）
　　　　　　φ house
　(46)　a.　The house was built φ.

b. （Process, State）
　　ϕ　　house

このように参与者が過程事象から消されると，(46b) の事象構造からも明らかなように，事象への参与者が存在しなくなる．ここで，次の原則を考えよう．

(47)　事象・項連結の原理: 事象構造の述語には，参与者の項が統語的に連結していなければならない．(*cf.* Grimshaw 1990, 132–133; Rappaport Hovav and Levin 1999, 46)

この事象・項連結の原理は，事象に対応する主語や目的語などが，統語的に現れていなければならないことを規定している．この原則によると，(46a) の文は，by 句が存在しないと過程事象が参与者をもたないため，その事象が認識不可能となり，容認されなくなるのである．（ちなみに，(45a) に対応する能動態の文 (43a) で主語の参与者が消去不可能なのは，拡大投射原理による．）

事象・項連結の原理は，目的語削除の分布によっても支持される．英語では動詞が過程事象のみを表す場合，(48a) に見られるように目的語が省略可能であるが，動詞が「過程＋状態」からなる何かを生み出す状態変化を表す場合，その目的語は省略不可能となる (*cf.* Levin and Rappaport Hovav 1998)．

(48)　a.　John ate cakes / kissed Mary / hit the wall / swept the table.
　　　　　　　　↓　　　　　　↓　　　　　　↓　　　　　　　↓
　　　　　　　　ϕ　　　　　　ϕ　　　　　　ϕ　　　　　　　ϕ
　　　b.　John built a house / made a cake / grew tomatoes.
　　　　　　　　　　↓　　　　　　　↓　　　　　　↓
　　　　　　　　　*ϕ　　　　　　*ϕ　　　　　*ϕ

これらの文の事象構造を見よう．まず，(48a) のように動詞が過程事象のみをもつ場合，(49b) の事象構造から明らかなように，たとえば目的語にあたる参与者 table を消しても，参与者として John がまだ残っているため，その過程事象は参与者をもつ事象となる．つまり，この事象は事象・

項連結の原理に違反することなく，(48a) の文は文法的となる．

(49) a. John swept.
　　 b. (Process)
　　　　　John, table
　　　　　　　↓
　　　　　　　φ

一方，(48b) のように動詞が状態変化を表す場合，(50b) の事象構造から明らかなように，目的語にあたる参与者である house を削除すると，結果状態の事象に参与者がいなくなってしまう．

(50) a. *John built.
　　 b. (Process, State)
　　　　　John　　house
　　　　　　　　　↓
　　　　　　　　　*φ

これは，参与者のいない事象となり，事象・項連結の原理に違反するため，(50a) の文は非文法的となる．

　以上をまとめると，受動態において特定の人物を表す by 句の省略は，単独の過程や状態の事象構造をもつ動詞では可能であるが，何かを生み出す状態変化の動詞は，事象・項連結の原理により by 句の省略はできない．

　最後に，事象・項連結の原理と相の関係を見よう．

(51) a. Tracy danced out of the room.
　　 b. [[x ACT 〈MANNER〉] CAUSE [BECOME [y 〈STATE〉]]]

(51a) の文は，(51b) の意味表示が表すように，dance をする動作（ACT）の事象が，部屋の外に出る状態（STATE）の事象を引き起こした（CAUSE）という，2つの事象間に時間的なつながりのある解釈をもつ．その結果，この文は，踊って部屋の外に出たという解釈をもつことになる．つまり，(51a) では，踊った事象と部屋の外に出た事象は，同じ1つの事象の一部でなければならない．一方，この構文に疑似照応詞（fake reflexive）の herself が生じると，相が変化し，このような同時性の解釈は生じない．

(52) a. Robin danced herself stiff.
　　 b. [x ACT ⟨MANNER⟩] & [BECOME [y ⟨STATE⟩]]
　　　　　　（Rappaport Hovav and Levin 1999, 19）

(52a) の場合，dance をする事象と，体が stiff になる事象は，時間的につながりがある必要がない．むしろ，dance をした後しばらくしてから体が stiff になるという，非同時性の状況が表されている．これを表示したのが (52b) で，そこでは x が dance をする事象 (ACT) と，体が stiff になる事象 (STATE) の2つの事象が，単に並列 (&) して存在するだけであることが表されている．この2つの事象は並列して存在するだけなので，時間的なつながりや同時性は要求されない．
　疑似照応詞がない場合に，なぜ同時性の解釈が生じるのであろうか．

(53) a. Tracy danced out of the room.
　　 b. (Process, State)
　　　　 Tracy
　　 c. (Process, State)
　　　　　　 ⋁
　　　　　 Tracy

(54) a. Robin danced herself stiff.
　　 b. (Process, State)
　　　　 Robin　　herself

(53a) の同時性の解釈がある場合，(53b) に見られるように，out of the room に対応する状態事象に，統語的な要素が連結されていない．このままでは，状態事象には参与者がいないことになってしまい，事象・項連結の原理に違反してしまう．そこで，そのような場合，(53c) に見られるように2つの事象が1つにまとめられ，1人の参与者が両方の事象に参加できるようになると考えよう．この，2つの事象を1つにまとめて1人の参与者を共有することを，共同認可 (co-identification) という（Rappaport Hovav and Levin 1999, 51）．共同認可によって1つにまとめられた事象は，同時的に進行するので，同時性の解釈が得られる．

一方，疑似照応詞が生じる (54a) の場合には，(54b) に見られるように，dance の事象には Robin という参与者が，そして stiff になる事象には herself という参与者が，形式上もれなく割り当てられるので，この2つの事象は1つにまとめる必要はなく，別々に進行できる．そのため，dance をする事象は stiff になる事象と時間的に同時でなく，ずっと後に起こってもよいことになる．

　同じ説明は，空間表現にもあてはまる．たとえば，次の (55a) の文は，wheel が spin する事象が断続的に続いた最終結果として，wheel が flat な状態になる事象が生じたことが表されているが，英語としては非文法的である．

(55)　a. ??The wheel spun flat.
　　　b.　The wheel spun itself flat.
　　　c.　spin (Process)　　flat (State) → (Process, State)
　　　　　　wheel
　　　　　　　　　　　　　　　　　　　　　　　　　　wheel
　　　d.　spin (Process)　　flat (State)
　　　　　　wheel　　　　　itself

(55c) に見られるように，spin する事象には wheel という参与者が割り当てられているが，flat になる事象には何も参与者が割り当てられていないので，このままでは，事象・項連結の原理に違反してしまう．これを回避するために，共同認可によって spin と flat が1つの事象にまとめられる．しかし，この2つの事象が1つにまとめられると，時間的につながりのある1つの同時性のある事象を意味することになる．つまり，wheel が spin するたびに flat になる，という解釈が生まれてしまう．常識的には，wheel は，断続的に spin する事象が重なった最終結果として flat になるのであるから，この文は容認されないのである．

　一方，(55a) の文は，(55b) のように疑似照応詞を用いると，文法的となる．この文は，(55d) に示されるように，spin する事象には wheel が，そして flat になる事象には itself が，それぞれ参与者として割り当てられているので，2つの事象を1つにまとめる必要はなくなる．その結果，

spin する事象と flat になる事象が，時間的に個別になりたつことになり，wheel が断続的に spin した後で flat になるという，適切な解釈が生じる．

このような構文に見られる同時性が，どこまで一般的なものであるかは，現在のところ解明されていない未解決の問題である．たとえば，あるインフォーマントによると (56a) の文は，疑似照応詞がある場合とない場合とで，同時性の解釈に差はない．

(56) a. John danced (himself) out of the room.
b. John danced (??himself) out of the room fervently.
c. John walked (??himself) under the bridge quickly.

むしろ，himself という疑似照応詞が用いられた場合には，結果状態に際立ちがあるという違いがある．その証拠に，fervently という過程事象を焦点化する副詞を加えると，(56b) に見られるように，容認性が低くなる．同じような対比は，このほかにも (56c) などに見られるように幅広く存在するが，このような場合，疑似照応詞がなぜ結果状態に際立ちを与えるのかは，現在のところ未解決の問題である．

第8章　接続詞と決定詞

8.1　概　　要

　本章では，3つの機能範疇の特質を論じる．第一に，決定詞 (Determiner) が構成する Determiner Phrase (DP) の特質を考察し，第二に，補文標識 C (Complementizer) が構成する Complementizer Phrase (CP) の性質を議論する．そして最後に，文や句を等位の関係で接続する接続詞 (Conjunction) が構成する Conjunction Phrase (CoP) について論じる．

8.2　DP 仮説

　第1章において，従来 (1a) の外心構造をもつと考えられてきた文が，X′ 理論によって，(1b) のように機能範疇 I (最近の生成文法における T に相当) の投射である内心構造をもつことを見た．

(1)　a.　[$_S$ The barbarians will [$_{VP}$ destroy the city]]
　　　b.　[$_{IP}$ The barbarians [$_{I'}$ will [$_{VP}$ destroy the city]]]
　　　c.　[$_{IP}$ The barbarians$_i$ [$_{I'}$ will [$_{VP}$ t_i destroy the city]]]

さらに，従来，動詞句の外に生成されると考えられていた主語名詞句が，(1c) のように動詞句内に基底生成され，I の指定部に移動することを見た．
　これと平行的に，最近の生成文法では，(2a) のように従来 N の投射として分析されていた名詞句が，(2b) のような機能範疇 D の投射と分析される．これを DP 仮説 (DP hypothesis) という (*cf.* Abney 1992).

（2） a.　[$_{NP}$ the barbarians' [$_{N'}$ destruction of the city]]
　　　 b.　[$_{DP}$ the barbarians' [$_{NP}$ [$_{N'}$ destruction of the city]]]
　　　 c.　[$_{DP}$ the barbarians'$_i$ [$_{NP}$ t [$_{N'}$ t_i destruction of the city]]]

さらに，文の場合と同様，所有格の名詞句は，(2c) に見られるように NP 内部に基底生成され，D の指定部に移動する．

　名詞句が DP の構造をもつと考える根拠を見る前に，文において，VP や TP (第1章の IP に相当) を削除することが可能な (3a, b) の事例と，削除が不可能な (3c, d) のような事例が存在することを見よう．

（3） a.　I believe that Mary [$_{VP}$ is smart], and I believe that John is [$_{VP}$ t smart], too.
　　　 b.　I know that [$_{TP}$ Mary bought something], but I don't know what [$_{TP}$ Mary bought something]. [+ WH]
　　　 c.　*I believe Mary to [$_{VP}$ be smart], and I believe that Sue to [$_{VP}$ be smart], too.
　　　 d.　*Mary said that [$_{TP}$ she is going to Paris], but I don't know whether [$_{TP}$ she is going to Paris].

この違いは，次の条件から導くことができる．

（4）　機能範疇とその指定部に一致の関係がなりたつ場合，その補部は削除可能である．

　　　　　　　　　　(Lobeck 1995; Saito and Murasugi 1999)

接続詞の右側の文で，(3a) においては，T に位置する is とその指定部にある John の間に性，数の一致が存在し，(3b) においては，C とその指定部にある what の間に [+ WH] の素性の一致が存在する．その結果，(4) の条件により，その補部である VP と TP は削除可能となっている．一方，(3c) においては，T である to とその指定部 Sue の間に一致は見られず，(3d) においては，C に位置する whether と一致する要素は存在しない．その結果，(4) の条件により，それらの補部である VP と TP の削除は不可能であり，(3c, d) の文は非文法的となる．

このように (4) の条件には十分な証拠があるが，これを前提として名詞句における削除を見てみよう

(5) a. I read [$_{DP}$ John's [$_{NP}$ book]], and now, I want to read [$_{DP}$ Mary's [$_{NP}$ book]].
   b. *I read about that [$_{NP}$ person], and now, I want to see [$_{DP}$ the [$_{NP}$ person]].
   c. I read about that [$_{N'}$ person], and now, I want to see the [$_{N'}$ person].

(5a) では，D (-'s) とその指定部の Mary の間に，所有格の素性の一致が見られるが，(5b) では，D である the の指定部要素はなく，したがって the と一致する要素はない．その結果，(5a) の D の補部である NP は (4) の条件によって削除可能であるのに対して，(5b) の person は削除不可能である．もし従来のように名詞句が N の投射と考えると，(5c) のように N' が削除の対象となると言わなければならない．これに対して，DP 分析では，名詞句が，D の投射である DP と N の投射である NP からなると考えることにより，削除の対象を NP という最大投射に限定することが可能となる．

以上をまとめると，(6) に見られるように，指定部との一致を引き起こす機能範疇は，その補部が削除可能であるが，一致を引き起こさない機能範疇は，その補部が削除不可能となる (機能範疇の一致については，Fukui and Speas (1986) を参照．)

(6)   C   T   D
   一致を引き起こす要素: +WH   Tense   -'s
   一致を引き起こさない要素: that   to   the

このように，条件 (4) によって (5) の削除可能性を説明するためには，DP 分析が不可欠である．

さらに，DP 仮説を支持する証拠を見よう．形容詞 same や identical は，冠詞 the と共起する．そのため，(7a) に見られるように the 以外の冠詞が用いられると，非文法的となる．

（7） a. the / *a same / identical person
b. *the nice same / identical person
c. [_DP the same [_NP nice person]]

そして，このような冠詞と共起する形容詞は，その前に別の形容詞が生じると，(7b) に見られるように非文法的となる．これは (7c) に見られるように，same が D の投射内に生じ，nice などの形容詞が N の投射内に生じると考えることによって説明が可能となる．つまり，(7b) は，本来 N の投射内に生じるべき nice という形容詞が，D の投射内に生じているため，非文法的となる．このような区別も，DP と NP の区別をしてはじめて可能となり，DP の存在を提示していると思われる．

また，(8) に見られるように，関係詞節は冠詞との間に共起関係をもち，この事実も DP 仮説を支持する．

（8） a. (*the) John
b. the John that I know
c. [_DP the [_NP John] [that I know]]   (*cf.* Larson 2001)
d. the king of France that I know
e. *the king that I know of France

(8a) に見られるように，固有名詞は，通常，冠詞と共起しないが，(8b) のように関係詞節が生じた場合，冠詞が固有名詞と共起することが可能となる．この事実は，(8c) に見られるように，関係詞節が DP の領域に生じ，冠詞 the に選択されると考えることにより説明可能となる．そして，関係詞節が of France のような N の補部と共起する場合，(8d, e) の対比に見られるように，補部の前に生じると非文法的となる．これは，D の投射内に生じるべき関係詞節が，NP の投射内に生じてしまうためであると考えることができる．

さらに，DP 分析を支持する現象として，イタリア語の名詞句を見よう．イタリア語では，(9b) に見るように，主要部の名詞が D (il) の位置に移動し，D に置き換わることが可能である (Longobardi 1997)．(この移動は，主要部の名詞が，固有名詞，親族名詞，そして casa (home) など

の場合に限られる.)

(9) a. Il mio Gianni ha finalmente telefonato.
    the my Gianni has finally called up
 b. Gianni mio *t* ha finallemnate telefonato.
 c. La casa era ormai vicina.
    the house is eventually nearby
 d. Casa *t* era ormai vicina.

この事実は,NからDへの主要部移動(head-to-head movement)が行なわれていると考えることによって説明可能であるが,この移動がなりたつためには,DPが必要である.また,Dに移動したNは,Dの位置と結びつく所有者の意味や特定性の意味をもつ.つまり,casa (home) は,(9c)では単なる家を意味するのに対して,(9d)では誰か特定の所有者の家という意味をもつ.ここから,名詞の移動先が所有格表現と関係するDであることが確認される.

8.3 Cの特性

補文標識Cには,2つの特性がある.1つは補文のタイプを決定する機能であり,もう1つは,(10a)に見られるようにTP(第1章におけるIPに相当)を選択する点である.

(10) a. [$_{CP}$ [$_{C'}$ C [$_{TP}$ ...]]]
 b. John asked [$_{CP}$ whether / *that [$_{TP}$ Mary kissed Tom]].
      [+WH]   [−WH]
 c. John thinks [$_{CP}$ that / *whether [$_{TP}$ Mary kissed Tom]].
      [−WH]   [+WH]

まず,補文のタイプから見ると,(10b)に見られるように,動詞askは補文に疑問タイプの文を選択するので,そのCは疑問の素性([+WH])をもつ.この結果,英語においては,whetherなどの疑問の素性をもつ句

がCPに生じることが可能となり，補文が疑問文のタイプであることが表される．（ちなみに日本語では，「か」などの助詞がCPに生じることで，補文が疑問のタイプであることが表される．詳しくは，Cheng (1997) を参照．）

一方，(10c)のように主節の動詞がthinkの場合には，補文が肯定タイプの文となり，Cは[−WH]の素性をもつ．この結果，thinkの選択するCPには，(10c)に見られるように，[−WH]の素性をもつthatが共起可能となる．

次に，Cが選択するTPの性質を見よう．

(11) a. I am anxious [$_{CP}$ that [$_{TP}$ you should arrive / *to arrive on
　　　　　　　　　　　　　　　　　[+finite]　　　[−finite]
　　　　time]].
　　b. I am anxious [$_{CP}$ for [$_{TP}$ you to arrive / *should arrive on
　　　　　　　　　　　　　　　　　[−finite]　　　[+finite]
　　　　time]].
　　c. I don't know [whether / if [I should agree]].
　　d. I don't know [whether / *if [to agree]].

(11a)に見られるように，thatは定形([+finite])の文を選択するため，時制をもつTPと共起可能である．一方，forは不定形([−finite])の文を選択するため，(11b)に見られるように，時制をもたないTPと共起可能となる．

このように，Cは，補文が疑問タイプか肯定タイプかという文のタイプを表す機能と，それが選択するTPが定形か不定形かを示すという2つの機能をもつ．この2つの機能は独立しているため，同じ疑問タイプのCが異なるタイプのTPを選択する場合がある．たとえば，(11c, d)に見られるように，Cがwhetherの場合もifの場合も，CPは疑問タイプであるが，whetherが定形と非定形のTPを選択できるのに対して，ifは定形のTPのみ選択可能である．

以上をまとめると，次のようになる．

(12) a. C → [±WH, ±finite]
　　 b. that　　　= [−WH, +finite]
　　　　for　　　= [−WH, −finite]
　　　　whether = [+WH, ±finite]
　　　　if　　　　= [+WH, +finite]

(12a) に見られるように，C は疑問タイプの文 ([+WH]) か肯定タイプの文 ([−WH]) かの指定をもち，さらに，時制をもつ定形の文 ([+finite]) を選択するか，時制をもたない不定形の文 ([−finite]) を選択するかの指定をもつ．これらの組み合わせによって，英語の C は，(12b) に見られる 4 つのタイプに分類される．つまり，that は肯定タイプであり，定形の TP を選択する．for も肯定タイプであるが，不定形の TP を選択する．一方，whether は疑問タイプで，定形の TP も不定形の TP も選択可能であるが，同じ疑問タイプの if は，定形の TP のみを選択する．

8.3.1　Though 移動

　接続詞 though は，(13a) に見られるように定形の TP を接続するが，他の接続詞と異なり，述部を though の前に置く (13b) の用法をもつ．接続詞 as にも似た用法があるが，ここでは though について，その特質を論じる．

(13) a. Though the house is expensive, we have decided to buy it.
　　 b. Expensive though the house is, we decided to buy it.

(13b) の構文の派生は，次のようになっている．

(14)　[CP Spec　[C though] [TP the house is expensive …]]

つまり，though は C の主要部を占め，wh 句移動と同様に，その指定部へ述部が移動する．この移動を though 移動と呼ぶ (詳しくは Endo (1991, 66–67) を参照).

　この構文の派生に移動が関与していることは，述語の移動が，島の制約に従う事実から確認することができる．たとえば，(15b) の文は，述部

handsome が複合名詞句の島から移動しているため，非文法的となっている．

(15) a. Handsome though I believe Tom is, he will not be loved by anyone.
   b. *Handsome though I believe the fact that Tom is, he will not be loved by anyone.

though 移動には，次のような特徴が見られる．Culicover (1982, 1–8) によると，述語名詞 (predicate nominal) が移動される場合，(16b) に見られるように冠詞が義務的に欠落し，(17b) と (18b) に見られるように，動詞句や前置詞句は文頭に移動することが不可能で，名詞と形容詞は前置可能であるという制約をもつ．このことから，though 移動で移動可能な要素は，[+N] の要素である．

(16) a. Though John is genius, he can't tie his shoe laces.
   b. (*A) genius though John is, he can't tie his shoe laces.
(17) a. Though the concert was in June, we decided to buy the tickets now.
   b. ?*In June though the concert was, we decided to buy the tickets now.
(18) a. Though John was running down the stairs, they made no attempt at silence.
   b. *Running down the stairs though John was, they made no attempt at silence.

しかし，英米のインフォーマントによると，前置詞句でも (19b) のように移動可能な事例が存在する．

(19) a. Though the island would be off the route, we decided to take a picture of it.
   b. Off the route though the island would be, we decided to take a picture of it.　　　　　　　　(Endo 1991, 36)
   c. Though the sailors would be off the ship by midnight, they said nothing about it to the captain.

　　　　d. *Off the ship by midnight though the sailors would be, they
　　　　　　said nothing about it to the captain.

　ここで，前置詞句が though 移動によって前置可能であるのは，前置要素がもつ相の性質によると考えることができる．たとえば，(19b) の off the route は，the island の恒常的な性質を表す個体述語である．ここから，though という接続詞は移動する要素に対して，恒常的な状態事象を意味選択（semantic selection）していると考えることができる．この考えは，(19d) の非文法性によって支持される．この文には，(19b) と同じ off という前置詞が生じているが，off the ship が船を降りるという一時的な状態変化の事象を表すため，非文法性が生じている．

　though 移動に課される相の制約を，さらに詳しく見よう．まず (20a) から明らかなように，liar などの述語名詞は，though 移動の適用を受けることが可能であるが，英米のインフォーマントによると，(20b) に見られるように attorney という述語名詞は，though 移動の適用を受けることが不可能である．

　(20)　a.　Liar though John is, his wife will not leave him.
　　　　b.??Attorney though John is, he cannot tie his shoe laces.
　　　　c.　John is very much a liar / ??an attorney, his wife will not
　　　　　　leave him.
　　　　d. *Liar though John is being, his wife will not leave him.

　ここで，liar と attorney の意味の違いに注目してみよう．liar と attorney は，(20c) に見られるように，前者のみが very much という段階的な (gradable) 修飾要素によって修飾可能である．ここから，though 移動の適用を受けるのは，段階的な状態事象であると考えることができる．この考えは，(20d) の非文法性によって支持される．5.2 で見たように，恒常的状態を表す個体述語は，進行形になると，「〜なふりをする」という非状態事象を表す．そしてインフォーマントによると，(20d) に見られるように，(20a) の文では文法的であった though 移動が，進行相では不可能となる．

以上をまとめると，though 移動の構文においては，述語が though という接続詞の指定部の位置に移動し，移動する述語は，段階的で恒常的な状態事象を意味するものでなければならない．

最後に，未解決の問題を見よう．まず，though 移動の文法性が微妙に異なる事例が存在する．たとえば (21b, c) に見られるように，though 移動においては，be surprised に at が後続する場合にくらべ，by が後続する場合のほうが容認性が低くなる．

(21) a. Though Mary was surprised at / by John's remarks, she said nothing.
  b. Surprised at John's remarks though Mary was, she said nothing.
  c. ?Surprised by John's remarks though Mary was, she said nothing.
  d. Mary seems surprised at / ?by John's remarks.

この問題は，at が生じる場合，surprised が状態事象をもつのに対して，by が生じる場合，surprised は非状態事象をもつという相違に基づくものと考えられる．この考えは，状態事象を選択する seem という動詞の補部に surprised by が生じると容認性が低くなるという，(21d) の事実によって支持されるが，詳細は未解決の問題である．

また，述語名詞が though 移動の適用を受ける場合，その述語名詞に付加詞が後続すると，(22c) に見られるように though 移動が阻止される．この事実をどのように説明するかも，現在未解決の問題である．

(22) a. Though John is a king of / from England, we are not at all impressed.
  b. King of England though John is, we are not at all impressed.
  c. *King from England though John is, we are not at all impressed.

8.3.2　When 節の条件解釈

次に，C の主要部の位置を when が占める事例を，とくに「条件」に

解釈される用法を中心に考察する．(23a, c) に見られるように，接続詞 when の従属節の事象と主節の事象との間には，if A, then B という条件の解釈が可能である．

(23) a. When John speaks Latin, he always speaks it well.
　　　b. ??When John knows Latin, he always knows it well.
　　　c. When John is drunk, he is always obnoxious.
　　　d. ??When John is intelligent, he is always pleasant.

条件の解釈は，主節に always という，事象の頻度を明記する副詞が生じる場合に見られる．たとえば (23a) では，speak Latin という事象が生じれば，かならず speak it well という事象が生じるという，条件の解釈が成立している．これは，日本語で言えば，「ば」や「は」によって表される「太郎が立てば花子が座る」や「馬鹿では数学がわからない」のような，条件の解釈と同じである(詳しくは Kratzer (1995, 129) や Endo (1994, 87–88) を参照)．条件の解釈は，あらゆる述語で可能なのではなく，たとえば，(23b, d) に見られるように，know や intelligent のような個体述語が when 節に生じると，容認度が下がる．この理由を以下で考察する．

　まず，when 節においては，if A, then B という条件の解釈は，A という事象と B という事象が同時になりたつ頻度を，always という事象の副詞が指定することによって生じている．これをもう少し形式的に述べると，always という事象の副詞は一種の演算子であり，従属節に生じる述語の表す事象と主節に生じる述語の事象を同時に束縛する (bind) ことによって，A と B の事象がつねに同時に生じることを保証している．そして，その 2 つの事象が同時に生じる頻度が always によって指定された結果，A の事象が生じれば同時に B の事象が生じるという，条件の解釈が生じるのである．

　この場合，always が束縛可能であるのは，一時的述語だけである．これは，個体述語は恒常的意味をもつので，always によって示される頻度の解釈と整合しないからである．つまり，know などの個体述語は，always などの頻度の副詞によって修飾不可能な事象を表すので，条件の解釈をもつために必要とされる always による束縛を受けることができない．その結果，個体述語の場合は，条件の解釈が不可能となる．

ちなみに always などの演算子は，動詞ばかりでなく，不定名詞（indefinites）も束縛することが可能である．

(24)　a.　Contrabassoonists *usually* play too loudly.
　　　b.　*Most* contrabassoonists play too loudly.
　　　c.　Cellists *seldom* play out of tune.
　　　d.　*Few* cellists seldom play out of tune.

(24a, c) に見られる不定名詞句の contrabassoonists や cellists は，usually や seldom という頻度を表す副詞によって束縛され，(24b, d) が示すように most contrabassoonists や few cellists という解釈が得られる (Diesing 1992, 5; Heim 1982)．これは，always, seldom, usually などの副詞が，事象の頻度を指定するのみならず，名詞の表す対象物の数量をも指定する働きをもつことを意味する．インフォーマントによると，この副詞によって束縛される不定名詞句は，(25a, b) の対比に見られるように，数量の限定が可能である可算名詞（countable noun）（句）の場合のみ文法的となる．つまり，数量の限定されない不可算名詞は，always などの演算子によって束縛されることは不可能となる．これは，時間的に限定されない個体述語が，always などの事象副詞によって束縛されないのと同様である．

(25)　a. ??When water is precious, people cannot get it easily.
　　　b.　When a cup of water is precious, people cannot get it easily.
　　　　　　　　　　　　　　　　（*cf.* Larson and Segal 1995, 521）

以上，when 節に一時的述語が生じると条件の解釈が可能となることを見てきたが，この条件の解釈は分詞構文においても見ることができる．(26a) のように，分詞に stand という一時的述語が生じると，その分詞全体は if he stand という条件の解釈が可能となる．

(26) a. Standing on a chair, John can touch the ceiling.
　　　b. Being a master of disguise, Bill would fool everyone.
　　　c. Standing on a chair, John touches the ceiling.

　一方，(26b) に見られるように，分詞に個体述語が生じた場合，条件の解釈は不可能となる．つまり，(26b) の文は，because he is a master of disguise とパラフレーズされる，条件ではない解釈のみが可能である．
　このように，分詞構文において条件の解釈が可能となるためには，主節に can などの助動詞が必要となる．たとえば，(26c) のように助動詞が生じない場合，条件解釈は不可能となる．これは，助動詞が，分詞と主節の事象を条件の関係で結ぶ働きをする関数であることによる．つまり，助動詞は，A という事象と B という事象の 2 つが同時に生じる可能性を指定することによって，A の事象が生じればかならず B の事象が生じる可能性を指定している (*cf.* Roberts 1989; Stump 1985)．
　以上をまとめると，まず，条件の解釈は，接続詞 when に一時的述語が生じた場合に可能となる．この条件の解釈は，時間的に限定された 2 つの事象が同時になりたつ頻度が多いことを，always などの副詞によって指定された結果生じているため，主節に頻度の副詞が必要となる．そして，分詞構文の用法における条件解釈では，分詞が一時的述語であり，主節に can などの助動詞が必要となる．

8.4　CoP の特性

　本節では，接続詞の投射である Conjunction Phrase (CoP) の，統語的および意味的特性を考察する．

8.4.1　接続詞の統語的特性

　最近の生成文法によると，(27a) の文は，(27b) の文と (27c) の文を，α 接続 (Coordinate-α) という変形操作によって (27d) のように接続し，接続された 2 つの文に含まれる同一要素の一方を，削除規則で削除することによって派生される (Johannessen 1998; van Oirsouw 1987)．

(27) a. John came in and sat down.
　　 b. John came in.
　　 c. John sat down.
　　 d. [[_CP_ John came in][and [_CP_ ~~John~~ sat down]]]
　　　　　　指定部　　　　　　　　補部

この分析では，1番目の等位項 John came in は主要部 and の指定部の位置に，2番目の等位項 John sat down は補部の位置にある．そして，1番目の等位項の主語と同一要素である2番目の等位項の主語 John が削除されることによって，(27a) の文が派生される．

削除規則は，同一の文法関係をもつ要素間に適用され，また，局所性の制約 (locality constraint) に従う．

(28) a. [That book pleased John [and [*~~John~~ bought it]]]
　　 b. [John came in [and [Mary sat down [and [~~Mary~~ /* ~~John~~ read a book]]]]]

削除規則は，同一の文法関係をもつ要素間に適用されるので，(28a) に見られるように，1番目の等位項で目的語である John を先行詞として，2番目の等位項の主語である John を削除することはできない．さらに，削除規則は局所性の制約に従うので，(28b) に見られるように，3番目の等位項の主語 John と一番近い位置にある2番目の節の主語 Mary だけが，削除規則の先行詞となるので，この文の3番目の等位節の主語解釈は，Mary に限られる．

以上，順行削除 (forward deletion) の事例を見たが，次に逆行削除 (backward deletion) の場合を考えよう．まず，(29a) では，1番目の等位項にある today's copy of the Times が，2番目の等位項にある同一要素を先行詞として，削除されている．

(29) a. [John looked at ~~today's copy of the Times~~] and [Mary read today's copy of the Times].
　　 b. Can ~~you do it~~ and will you do it?
　　 c. *Can ~~you do it~~ now and will you do it tomorrow?

  d. John said that I ~~love jazz~~ and Mary said we love jazz.
  e. *John said that I ~~love jazz~~ and Mary said she loves jazz.
(cf. Wilder 1995, 22–28)

　同様に，(29b) では，1 番目の等位項にある you do it が，2 番目の等位項にある同一の要素を先行詞として，削除されている．
　この逆行削除には，2 つの制約が課される．第一に，削除される要素も，削除規則の先行詞も，文中で右端になければならない．たとえば，(29c) においては，削除される要素の右に副詞 now が生じており，削除の先行詞の右にも副詞 tomorrow が生じているため，削除が不可能となっている．
　第二に，削除される要素と削除の先行詞は，同じ単語の連鎖でなければならない．たとえば，(29e) では，削除される動詞が love であるのに対して，削除の先行詞が loves という異なる形式をもつため，削除が不可能となっている．
　次に，α 接続によって接続される要素の性質を見よう．α 接続によって接続されるのは，CP に限られるのではない．

(30) a. [[every dog] [and [its owner]]] (Wilder 1995, 5–6)
  b. Some boys walk and some boys talk.
  c. Some boys walk and talk.
  d. [[Some boys walk] [and [~~some boys~~ talk]]].

(30a) における A and B の構造で，数量表現である every dog が its を束縛する解釈が可能である．そのような解釈が可能であるためには，前者が後者を c 統御している必要がある．この事実は，(30a) に見られるように，DP が X′ の式型に沿って接続される構造をもつと考えることで，説明可能となる．この構造においては，every dog が its を c 統御することが可能であり，ここから，DP も α 接続によって接続可能であることがわかる．
　さらに，α 接続は動詞句を接続することも可能である．たとえば (30b) の，文と文を接続した事例においては，talk する boys と walk する boys

が異なる集合をさす解釈が可能である．一方，(30c)においては，そのような解釈はなく，同一の boys が talk し walk するという解釈をもつ．もし，(30c) の文が (30d) に見られるように，文接続構造から 2 番目の等位項の some boys を削除することにより派生されたとすると，(30c) は (30b) と同じ解釈をもつはずであるが，実際はそうではない．この事実は，(30c) の文は，もともと動詞句が α 接続された構造であると考えることによって説明される．

削除に課される制約を，もう 1 つ見よう．削除される要素は，文の右端 (right-periphery) か左端 (left-periphery) に位置する要素に限られる，という制約がある (van Oisouw 1987)．この制約によって，(31a) に見られるように，削除される John の前に the day before という副詞が生じると，もはや John は 2 番目の等位項の文中で左端に位置することにはならず，削除不可能となる．さらに，(31b)では，(31c)とは対照的に，削除される要素が 1 番目の接続項の文の右端に位置していないため，削除が不可能となる．

(31) a. Yesterday John ate like a pig but [(*the day before) ~~John~~ was very model].
b. *[John gave ~~the girl in the red sweater~~ a book] and Peter sold the girl in the red sweater a record.
c. [John gave a book ~~to the girl in the red sweater~~] and Peter sold a record to the girl in the red sweater.

ただし，削除の制約を文の左端と考えると，次の場合に問題が生じる．

(32) a. I am ill and I must sleep.
b. *Am I ill and [CP must [TP ~~I~~ sleep]]?

(32b) においては，主語 I は，文に相当する TP の左端に生じているが，削除は不可能となっている．正しくは，削除の対象は，CP の端の要素と規定しなければならない．

最後に，未解決の問題を見よう．(33a) の文では，名詞句接続のなかの 1 番目の等位項である a man と数の一致が行なわれ，動詞は単数形で一

致している．

(33) a. (?)There is / *are [a man, a woman and a cat] waiting outside.
b. [$_{CoPi}$ [$_{Xi}$ [and$_i$ [Y]]]]
c. [He and her / *she and that their father went to France] worry me.
d. What, me, worry?
e. Me, I'm not interested.

この事実は，(33b) に見られるように，1番目の等位項の名詞句が CoP の主要部である and と，指定部・主要部一致 (Spec-head agreement) により同一指標をもち，その指標がその最大投射である CoP に付与されると考えることで，説明可能となる．つまり，CoP の指定部にある1番目の等位項 a man の指標が，CoP の指標となるので，(33a) の a man, a woman and a cat の全体は，a man のもつ単数で一致するのである (Johannessen 1998, 154). このように1番目の等位項が CoP 全体と同一指標をもつと考えると，接続構造において格が付与されるのは，格の付与される名詞句全体と同一指標をもつ，1番目の等位項のみであることになる．実際，(33c) においては，2番目の等位項が1番目の等位項と同じ主格をもつと，非文法的となっている．この場合，2番目の等位項 her は，動詞から格を付与される関係にはなく，格の与えられない環境に名詞が生じた場合に与えられる格(英語では対格)を付与されていると考えられる．この考えは，(33d, e) の事実によって支持される．これらの文に生じる代名詞 me は，格の付与される位置にないため，対格が付与されている．しかしながら，これらの等位構造における格付与の詳細は，今のところ未解決の問題である．

また，接続項が2つ以上ある John, Mary and Nancy などの接続構造も，現在未解決の問題である．α 接続によれば，Mary and Nancy を α 接続によって派生した後で，音形をもたない接続詞を用いて John を α 接続によって接続することになる．このような音形をもたない接続詞の性質は，現在未解決の問題である．音形をもたない接続詞に関しては，Johannessen (1998), Kayne (1994, 2000), Endo (1996) などを参照.

8.4.2 接続詞の意味的特性

本節では，接続詞がかかわる構文の意味的特性を論じる．まず，等位構造制約（Coordinate Structure Constraint）にかかわる，and の特質を考えよう．等位構造制約とは，等位構造において，その等位項あるいは，その等位項のなかに含まれる要素が，その外へ移動することを阻止する制約である (Ross 1986, 98–99)．たとえば，(34a) の文は，等位項である who が等位構造 John and who の外へ移動されているため，非文法的となっており，(34b) の文は，等位項 books by who の一部である who がその等位構造の外へ移動されているため，非文法的となっている．

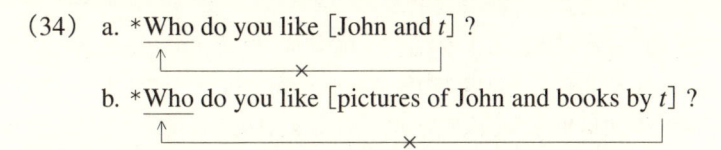

(34) a. *Who do you like [John and t] ?

b. *Who do you like [pictures of John and books by t] ?

この等位構造制約を免れる場合として，全域的規則適用（Across the Board rule application (ATB)）がある．全域的規則適用においては，等位構造のすべての等位項に規則が適用され，その場合，等位構造制約を受けない．

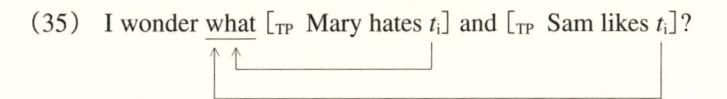

(35) I wonder what [$_{TP}$ Mary hates t_i] and [$_{TP}$ Sam likes t_i]?

(35) の文は，等位接続された両方の TP に，wh 移動が全域的に適用されているため，文法的となっている (Ross 1986, 107)．

以下，等位構造制約に関連する問題を考察する．まず，動詞句が and で接続された場合，その動詞句が表す事象が，時間的な重なりと論理的な関連のある事象の一部として解釈されると，等位構造の等位項の一部を移動することが可能となる．たとえば，(36a) の文では，go to the store という事象と buy という事象が，一連の買い物をする事象の一部を構成す

るため，等位構造制約を免れて，buy の目的語が等位構造の外に移動可能となっている．

(36) a. What did you go to the store and buy?
b. the whisky that John went to the store and bought

しかし，インフォーマントによると，等位構造が一連の事象を表していても，それぞれの動詞句を個別の副詞が修飾すると，(37a) に見られるように非文法的となる．

(37) a. *What did you go to the store in the morning and buy in the afternoon?
b. *the whisky that John went to the store and has bought

同様に，(37b) に見られるように，2つの等位項が過去形と完了形という異なる相をもつ場合，等位構造の等位項の一部を移動することが不可能となる．その理由は現在未解決の問題であるが，解決の可能性として，等位構造制約は (38a) に見られる等位に接続された構造に適用される制約で，一連の連続する事象が接続される場合には，(38b) のように，等位の接続構造をもたず従属の構造をもつと考えることができる．

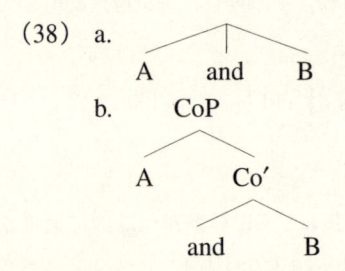

(38) a.
```
      /|\
     A and B
```
b. CoP
```
    /  \
   A   Co'
       /  \
      and  B
```

これを事象構造の点から見ると，連続する事象においては，接続詞の and が事象関数をもち，2つの等位項を補部と指定部の位置に選択することで，2つの事象に連続した事象の解釈を与えていると考えることができる．この考えによれば，時の副詞が動詞句を個別に修飾したり，異なる事象構造が接続された (37a, b) の場合には，おのおのの等位項が独立した

事象を構成するため，and の事象関数によって結びつけられることが不可能となり，2つの事象が (38a) のように等位に接続されることになる．この結果，独立した2つの事象が接続されると，その等位項の移動は等位構造制約により阻止されると考えることができる．一方，(38b) のように，従属節の構造においては，B に相当する文は and の補部となるので，移動の島 (island) は構成されず，移動が可能となると考えることができる．

以上をまとめると，連続した事象が接続された場合にのみ，接続項からの移動が可能となり，異なる相や事象が接続されると，接続項からの移動が等位構造制約によって阻止される．

最後に，等位構造制約が提示する主語にかかわる問題を考察しよう．まず，Burton and Grimshaw (1992, 308–309) によれば，(39) の文は，受動態変形によって等位構造制約を破って，2番目の等位項である動詞句からのみ名詞句が主語位置へ移動しているにもかかわらず，文法的である．

(39)　The boy will [$_{VP}$ write a book] and [$_{VP}$ be awarded t a prize for it].

これは現在未解決の問題であるが，可能な解決方法として (40) に見られるように，主語はすべて動詞句内に基底生成されるという考えがある (*cf.* Kitagawa 1986; Kuroda 1992).

(40)　The boy will [$_{VP}$ t write a book] and [$_{VP}$ be awarded t a prize for it].

この文は，両方の等位項の動詞句から，名詞句 the boy が主語位置に全域的規則適用によって移動することにより，等位構造制約を免れて文法的な派生をもつことになる (*cf.* Burton and Grimshaw 1992).

さらに，接続詞の関与する文は，個体述語と一時的述語を含む文に，ある問題を提示する．6.1 で見たように，一時的述語と個体述語は，それぞれ (41a) に見られる繰り上げ構造と，(41b) に見られるコントロール構造をもつ．

(41) a. Students$_i$ are [$_{VP}$ t_i drunk].

b. [$_{IP}$ Students [$_{VP}$ PRO are honest]].

そして，個体述語の文と一時的述語の文は，次に見られるように等位接続が可能である．

(42) He may [$_{VP}$ PRO know French] but [$_{VP}$ t speak / be speaking English to make me mad].

この派生では，but の後ろの接続項のみから名詞句 he が移動しているので，等位構造制約を破り，非文法的となることが予測されてしまう．これは，現在未解決の問題である．可能な解決方法として，(43a, b) に見られるように，個体述語の文も一時的述語の文も，ともに主語が動詞句内に基底生成されると考えることができる (Burton and Grimshaw 1992)．

(43) a. Students$_i$ [$_{VP}$ are t_i drunk].

b. Students$_i$ [$_{VP}$ are t_i honest].

c. He may [$_{VP}$ t know French] but [$_{VP}$ t speak / be speaking ...]

こう考えると，個体述語と一時的述語を等位接続しても，(43c) に見られるように，両方の等位項である動詞句から主語 he が移動するので，全域的規則適用により，この文が文法的となることが予測可能となる．

もう1つの解決策としては，8.4.1 で提示された方法がある．つまり，問題の (43c) の文は，(44) に見られるように2つの TP が接続されており，2番目の等位接続項に削除規則が適用されたという派生である．

(44) [$_{TP}$ He may know French] but [$_{TP}$ he may speak / be speaking English to make me mad].

→ [$_{TP}$ He may know French] but [$_{VP}$ speak / be speaking English to make me mad]$_i$ [$_{TP}$ he may t_i]. (動詞句前置)

→ [TP He may know French] but [VP speak / be speaking English to make me mad][TP he may t].（削除規則）

これらの可能性のうち，どちらの可能性が正しいかは，現在未解決の問題である．

　さらに別の問題として，一時的述語と個体述語の意味解釈がある．6.1で，一時的述語と個体述語の主語に無冠詞複数名詞が生じた場合，意味解釈が異なることを見た．そして，その違いは，(41)に見られる繰り上げ構造とコントロール構造の違いによって説明がなされた．しかし，(43)のように，個体述語も一時的述語も同じ構造をもつと考えると，無冠詞複数名詞句の意味解釈の違いを，もはや構造から導き出せなくなるという問題が生じる．これは，現在未解決の問題である．可能な解決方法としては，6.1で示唆された方法やDe Hoop (1992) などを参照．

参 考 文 献

Abney, Steven (1992) *The English Noun Phrase in Its Sentential Aspect*, Doctoral dissertation, MIT.
Abusch, Dorit (1988) "Sequence of Tense, Intensionality and Scope," *WCCFL* 7, 1–14, Stanford Linguistic Association, Stanford University.
Armagost, James L. (1973) *Declarative Tag Sentences and Threatening Tag Sentences*, Doctoral dissertation, University of Washington.
Azar, Betty Schrampfer (1999) *Understanding and Using English Grammar*, Prentice Hall Regents, Englewood Cliffs.
Bach, Emmon (1986) "The Algebra of Events," *Linguistics and Philosophy* 9, 5–16.
Baker, Carl L. (1995) *English Syntax* [2nd Edition], MIT Press, Cambridge, MA.
Baker, Mark (1988) *Incorporation*, University of Chicago Press, Chicago.
Borer, Hagit (1994) "The Projection of Arguments," *University of Massachusetts Occasional Papers in Linguistics* 17, 19–47.
Brennan, Virginia M. (1993) *Root and Epistemic Modal Auxiliary Verbs*, Doctoral dissertation, University of Massachusetts. [Reproduced by GLSA, University of Massachusetts]
Burton, Strang and Jane Grimshaw (1992) "Coordination and VP-internal Subjects," *Linguistic Inquiry* 23, 305–313.
Carlson, Gregory (1977) "A Unified Analysis of the English Bare Plural," *Linguistics and Philosophy* 1, 413–457.
Cheng, Lisa (1997) *On the Typology of Wh-Questions*, Garland, New York.
Chiba, Shuji (1987) *Present Subjunctives in Present-Day English*, Shinozaki Shorin, Tokyo.

千葉修司 (2000)「英語の仮定法について」『先端的言語理論の構築とその多角的な実証 (4-A)』147–172, 神田外語大学.
Chierchia, Genaro (1995) "Individual-level Predicates as Inherent Generics," *The Generic Book*, ed. by Gregory Carlson and Francis Jeffrey Pelletier, 176–223, University of Chicago Press, Chicago.
Chomsky, Noam (1972) *Studies on Semantics in Generative Grammar*, Mouton, The Hague.
Chomsky, Noam (1986) *Barriers*, MIT Press, Cambridge, MA.
Chomsky, Noam (1995) *The Minimalist Program*, MIT Press, Cambridge, MA.
Chomsky, Noam (2001) "Derivation by Phase," *Ken Hale: A Life in Language,* ed. by Michael Kenstowicz, 1–52, MIT Press, Cambridge, MA.
Cinque, Guglielmo (1999) *Adverbs and Functional Heads: A Cross-Linguistic Perspective*, Oxford University Press, New York.
Comrie, Bernard (1976) *Aspect*, Cambridge University Press, Cambridge.
Comrie, Bernard (1985) *Tense*, Cambridge University Press, Cambridge.
Culicover, Peter W. (1971) *Syntactic and Semantic Investigations*, Doctoral dissertation, MIT.
Culicover, Peter W. (1976) *Syntax*, Academic Press, New York.
Culicover, Peter W. (1982) *Though Attraction*, Indiana University Linguistics Club, Bloomington.
Dancygier, Barbara (1998) *Conditionals and Prediction: Time, Knowledge, and Causation in Conditional Constructions*, Cambridge University Press, Cambridge.
Davies, Eirlys (1986) *The English Imperative,* Croom Helm, London.
Declerck, Renaat (1991) *Tense in English: Its Structure and Use in Discourse*, Routledge, London.
De Haan, Ferdinand (1997) *The Interaction of Modality and Negation*, Garland, New York.
De Hoop, Helen (1992) *Case Configuration and Noun Phrase Interpretation*, Garland, New York.
Demirdache, Hamida and Myriam Uribe-Etxebarria (2000) "The Primitives of Temporal Relations," *Step by Step: Essays on Minimalist*

Syntax in Honor of Howard Lasnik, ed. by Roger Martin, David Michaels, and Juan Uriagereka, 157–186, MIT Press, Cambridge, MA.

Di Sciullo, Anna-Maria and Carol Tenny (1998) "Modification, Event Structure and the Word / Phrase Asymmetry," *NELS* 28, 375–389.

Diesing, Molly (1992) *Indefinites*, MIT Press, Cambridge, MA.

Doherty, Monika (1987) *Epistemic Meaning*, Springer, Berlin.

Doron, Elizabeth and Malka Rappaport Hovav (1991) "Affectedness and Externalization," *NELS* 21, 81–94.

Endo, Yoshio (1991) "The Syntax and Semantics of Small Clauses," *Topics in Small Clause*, ed. by Heizo Nakajima and Shigeo Tonoike, 59–74, Kurosio, Tokyo.

Endo, Yoshio (1994) "Stage / Individual-level Nouns," *MIT Working Papers in Linguistics* 24, 83–100.

Endo, Yoshio (1996) "Right Dislocation," *MIT Working Papers in Linguistics* 29, 1–20.

Enç Mürvet (1987) "Anchoring Conditions for Tense," *Linguistic Inquiry* 18, 633–657.

Enç Mürvet (1996) "Tense and Modality," *The Handbook of Contemporary Semantic Theory*, ed. by Shalom Lappin, 345–358, Blackwell, Oxford.

Felbaum, Christian (1987) "On Nominals with Preposed Theme," *CLS* 23, 79–92.

Fukui, Naoki and Margaret Speas (1986) "Specifiers and Projection," *MIT Working Papers in Linguistics* 8, 128–172.

Geis, Michael (1970) *Adverbial Subordinate Clauses in English*, Doctoral dissertation, MIT.

Giorgi, Alessandra and Fabio Pianesi (1997) *Tense and Aspect: From Semantics to Morphosyntax*, Oxford University Press, New York.

Goldberg, Adele (1995) *Constructions: A Construction Grammar Approach to Argument Structure*, University of Chicago Press, Chicago.

Grimshaw, Jane (1982) "Subcategorization and Grammatical Relations," *Subjects and Other Subjects: Proceedings of the Harvard Confer-*

ence on the Representation of Grammar, ed. by Annie Zaenen, 1–23, Indiana Linguistic Club, Bloomington.

Grimshaw, Jane (1990) *Argument Structure*, MIT Press, Cambridge, MA.

Grimshaw, Jane and Sten Vikner (1993) "Obligatory Adjuncts and the Structure of Events," *Knowledge and Language II*, ed. by Eric Reuland and Werner Abraham, 143–155, Kluwer, Dordrecht.

Haegeman, Liliane and Jacqueline Guéron (1999) *English Grammar: A Generative Perspective*, Blackwell, Oxford.

Hale, Kenneth and Samuel Keyser (1993) "On Argument Structure and the Lexical Expression of Syntactic Relations," *The View from Building 20*, ed. by Kenneth Hale and Samuel Keyser, 53–93, MIT Press, Cambridge, MA.

Han, Chung-hye (1998) *The Structure and Interpretation of Imperatives: Mood and Force in Universal Grammar*, Doctoral dissertation, University of Pennsylvania.

Heim, Irene (1982) *Semantics of Definite and Indefinite Noun Phrases*, Garland, New York.

Higginbotham, James (1995) "Events and Aspects," ms., Oxford University.

Higginbotham, James (1996) "Stage-level and Individual-level Distinction and the Mapping Hypothesis," ms., Oxford University.

Higginbotham, James (2000) "Accomplishments," *Proceedings of the Nanzan GLOW: The Second GLOW Meeting in Asia*, 131–140, Nanzan University.

Hitzeman, Janet (1993) *Temporal Adverbials and the Syntax-Semantics Interface*, Doctoral dissertation, University of Rochester.

Hitzeman, Janet (1995) "A Reichenbachian Account of the Interaction of the Present Perfect with Temporal Adverbials," *NELS* 25, 239–253.

Hitzeman, Janet (1997) "Semantic Partition and the Ambiguity of Sentences Containing Temporal Adverbials," *Natural Language Semantics* 5, 87–100.

Hofmann, T. R. (1966) "Past Tense Replacement and the Modal System," *Harvard Computation Laboratory Report to the National Science Foundation on Mathematical Linguistics and Automatic Trans-

lation, Number NSF-17. [Recited in *Syntax and Semantics 7: Notes from the Linguistic Underground*, ed. by James D. McCawley (1976), 85–100, Academic Press, New York]

Hornstein, Norbert (1990) *As Time Goes By: Tense and Universal Grammar*, MIT Press, Cambridge, MA.

Huddleston, Rodney D. (1969) "Some Observation on Tense and Deixis in English," *Language* 45, 777–806.

Huddleston, Rodney D. (1974) "Further Remarks on the Analysis of Auxiliaries as Main Verbs," *Foundations of Language* 11, 215–229.

Iatridou, Sabine (2000) "The Grammatical Ingredients of Counterfactuality," *Linguistic Inquiry* 31, 231–270.

Jackendoff, Ray S. (1972) *Semantic Interpretation in Generative Grammar*, MIT Press, Cambridge, MA.

James, Francis (1986) *Semantics of the English Subjunctive*, University of British Columbia Press, Vancouver.

Jenkins, Lyle (1972) *Modality in English Syntax*, Doctoral dissertation, MIT. [Reproduced by the Indiana University Linguistics Club]

Johannessen, Janne B. (1998) *Coordination,* Oxford University Press, Oxford.

Johnston, Michael (1994) *The Syntax and Semantics of Adverbial Adjuncts*, Doctoral dissertation, University of California, Santa Cruz.

Kaneko, Yoshiaki (1997) "On English Modal Sentences: Interaction of Lexical, Constructional, and Situational Meanings," *The Annual Reports of Faculty of Arts and Letters, Tohoku University*, vol. 46, 217–242.

金子義明 (1999)「英語法助動詞の意味解釈：語彙特性，語用論，叙述様式のインターフェイス」，黒田成幸・中村捷(編)『ことばの核と周縁：日本語と英語の間』321–355, くろしお出版，東京.

柏野健次 (1999)『テンスとアスペクトの語法』開拓社，東京.

Kayne, Richard (1994) *The Theory of Antisymmetry*, MIT Press, Cambridge, MA.

Kayne, Richard (2000) *Parameters and Universals*, Oxford University Press, New York.

Kitagawa, Yoshihisa (1986) *Subjects in Japanese and English*, Garland,

New York.

Klinge, Alex (1993) "The English Modal Auxiliaries: From Lexical Semantics to Utterance Interpretation," *Journal of Linguistics* 29, 315–357.

Kratzer, Angelika (1981) "The Notional Category of Modality," *Words, Worlds, and Contexts: New Approaches in World Semantics*, ed. by Hans-Jürgen Eikmeyer and Hannes Rieser, 38–74, Walter de Gruyter, Berlin.

Kratzer, Angelika (1991) "Modality," *Semantics: An International Handbook of Contemporary Research*, ed. by Armin von Stechow and Dieter Wunderlich, 639–650, Walter de Gruyter, Berlin.

Kratzer, Angelika (1995) "Stage and Individual Level Predicates," *The Generic Book*, ed. by Gregory Carlson and Francis Jeffrey Pelletier, 125–175, University of Chicago Press, Chicago.

Kratzer, Angelika (1996) "Serving the External Argument from its Verb," *Phrase Structure and the Lexicon*, ed. by Johan Rooryck and Laurie Zaring, 109–137, Kluwer, Dordrecht.

Kuroda, Shigeyuki (1992) "Whether We Agree or Not: A Comparative Syntax of English and Japanese," *Japanese Syntax and Semantics*, 315–357, Kluwer, Dordrecht.

Laka, Itziar (1990) *Negation in Syntax: On the Nature of Functional Categories and Projections*, Doctoral dissertation, MIT.

Larson, Richard (2001) "Temporal Modification in Nominals," *The Syntax of Time*, ed. by Jacqueline Guéron and Jacqueline Lecarnme, MIT Press, Cambridge, MA.

Larson, Richard and Gariel Segal (1995) *Knowledge of Meaning*, MIT Press, Cambridge, MA.

Lasnik, Howard (1981) "Restricting the Theory of Transformation: A Case Study," *Exploration in Linguistics*, ed by Norbert Hornstein and David Lightfoot, 152–173, Longman, London.

Lasnik, Howard (2000) *Syntactic Structure Revisited: Contemporary Lectures on Classic Transformational Theory*, MIT Press, Cambridge, MA.

Leech, Geoffrey (1987) *Meaning and the English Verb*, Longman, London.

Leech, Geoffrey (1989) *An A-Z of English Grammar & Usage,* Longman, London.

Levin, Beth (1993) *English Verb Classes and Alternations*, University of Chicago Press, Chicago.

Levin, Beth and Malka Rappaport Hovav (1986) "The Formation of Adjectival Passives," *Linguistic Inquiry* 17, 623–661.

Levin, Beth and Malka Rappaport Hovav (1998) "Building Verb Meanings," *The Projection of Arguments*, ed. by Miriam Butt and Wilhelm Geuder, 97–134, CSLI Publications, Stanford.

Lobeck, Anne (1995) *Ellipsis: Functional Heads, Licensing, and Identification*, Oxford University Press, New York.

Longobardi, Giuseppe (1997) "N-raising and Placement Names," *Scribthair a ainn n-ogaim*, ed. by Riccardo Ambrosini et al., 521–532, Pacini Editore, Estratto.

May, Robert (1985) *Logical Form: Its Structure and Derivation*, MIT Press, Cambridge, MA.

McCawley, James D. (1971) "Tense and Time Reference in English," *Studies in Linguistic Semantics*, ed. by Charles J. Fillmore and D. Terence Langendoen, 96–113, Holt, Rinehart and Winston, New York.

McClure, William Tsuyoshi (1995) *Syntactic Projections and the Semantics of Aspect*, Hituzi Shobo, Tokyo.

McDowell, Joyce P. (1987) *Assertion and Modality,* Doctoral dissertation, University of Southern California.

中村捷 (1991)「受動態の普遍的特徴」『日本語学』10, 54–64.

中村捷 (1999)「英語の不定詞補文と動詞の意味構造と推論規則」, 黒田成幸・中村捷(編)『ことばの核と周辺』287–320, くろしお出版, 東京.

中村捷 (2000)「意味の仕組み」, 原口庄輔・中島平三・中村捷・河上誓作『ことばの仕組みを探る』111–163, 研究社出版, 東京.

Napoli, Donna Jo (1993) *Syntax: Theory and Problems*, Oxford University Press, Oxford.

Newmeyer, Frederick J. (1970) "The 'Root Modal': Can It Be Transitive?" *Studies Presented to Robert B. Lees by His Students*, ed. by

Jerrold M. Sadock and Anthony L. Vanek, 189–196, Linguistic Research, Edmonton.
Ogihara, Toshiyuki (1989) *Tense, Attitudes, and Scope*, Kluwer, Dordrecht.
太田朗 (1980)『否定の意味：意味論序説』大修館書店, 東京.
Palmer, F. R. (1990) *Modality and the English Modals* [2nd Edition], Longman, London.
Papafragou, Anna (1998) "Inference and Word Meaning: The Case of Modal Auxiliaries," *Lingua* 105, 1–47.
Papafragou, Anna (2000) *Modality: Issues in the Semantics-Pragmatics Interface*, Elsevier, Oxford.
Parsons, Terence (1990) *Events in the Semantics of English: A Study in Subatomic Semantics*, MIT Press, Cambridge, MA.
Partee, Barbara (1977) "John Is Easy to Please," *Linguistic Structure Proceedings*, ed. by David Waltz, 281–312, North-Holland, Amsterdam.
Perlmutter, David M. (1970) "The Two Verbs *Begin*," *Readings in English Transformational Grammar*, ed by Roderick A. Jacobs and Peter S. Rosenbaum, 107–119, Ginn, Waltham, MA.
Perlmutter, David M. (1971) *Deep and Surface Structure Constraints in Syntax*, Holt, Rinehart and Winston, New York.
Pesetsky, David (1982) *Paths and Categories*, Doctoral dissertation, MIT.
Potsdam, Eric (1998) *Syntactic Issues in the English Imperatives*, Garland, New York.
Pustejovsky, James (1991) "The Syntax of Event Structure," *Lexical and Conceptual Semantics*, ed. by Beth Levin and Steven Pinker, 47–82, Blackwell, Oxford.
Pustejovsky, James (1995) *The Generative Lexicon*, MIT Press, Cambridge, MA.
Quirk, Randolph, Sidney Greenbaum, Geoffrey Leech, and Jan Svartvik (1985) *A Comprehensive Grammar of the English Language*, Longman, London.
Radford, Andrew (1997) *Syntactic Theory and the Structure of English: A Minimalist Approach*, Cambridge University Press, Cambridge.
Rappaport Hovav, Malka and Beth Levin (1999) "Two Structures for Compositionally Derived Events," *Proceedings from Semantics and Lin-*

guistic Theory IX, 199–223, Bar Ilan University and Northwestern University.

Rapoport, Tova (1999) "Structure, Aspect, and Predicate," *Language* 75, 653–677.

Reichenbach, Hans (1947) *Elements of Symbolic Logic*, Macmillan, New York. [Reprinted by Dover Publications, New York, 1980]

Ritter, Elizabeth and Sarah Rosen (1991) "Causative *have*," *NELS* 21, 323–336.

Roberts, Craig (1989) "Modal Subordination and Pronominal Anaphora in Discourse," *Linguistics and Philosophy* 12, 683–721.

Ross, John Robert (1969) "Auxiliaries as Main Verbs," *Studies in Philosophical Linguistics*, Series One, ed. by William Todd, 77–102, Great Expectations, Evanston.

Ross, John Robert (1986) *Infinite Syntax!*, Ablex, Norwood.

Rothstein, Susan (2000) "Fine-grained Structure in the Eventuality Domain: The Semantics of Predicative Adjective Phrase and *Be*," *Natural Language Semantics* 7, 347–420.

Saito, Mamoru and Keiko Murasugi (1999) "Subject Predication within IP and DP," *Beyond Principles and Parameters,* ed. by Kyle Johnson and Ian Roberts, 167–188, Kluwer, Dordrecht.

Snyder, William (1998) "On the Aspectual Properties of English Derived Nominals" *MIT Working Papers in Linguistics* 25, 125–139.

Speas, Maggie (1996) "Null Objects in Projections," *Phrase Structure and the Lexicon*, ed. by Johan Rooryck and Laurie Zaring, 187–212, Kluwer, Dordrecht.

Stowell, Tim (1995) "What Do the Present and Past Tenses Mean?" *Temporal Reference, Aspect, and Actionality*, vol. 1: *Semantic and Syntactic Perspectives*, ed. by Pier Marco Bertinetto, Valentina Bianchi, James Higginbotham, and Mario Squartini, 381–396, Rosenberg and Sellier, Torino.

Stowell, Tim (1996) "The Phrase Structure of Tense," *Phrase Structure and the Lexicon*, ed. by Johan Rooryck and Laurie Zaring, 277–291, Kluwer, Dordrecht.

Stump, Gregory (1985) *The Semantic Variability of Absolute Construc-*

tion, Reidel, Dordrecht.

Swan, Michael (1980) *Practical English Usage*, Oxford University Press, Oxford.

Talmy, Leonard (1985) "Lexicalization Patterns: Semantic Structure in Lexical Forms," *Language Typology and Syntactic Description* III: *Grammatical Categories and the Lexicon*, ed. by Timothy Shopen, 57–149, Cambridge University Press, Cambridge.

Tedeschi, Philip J. (1976) *If: A Study of English Conditional Sentences*. Doctoral dissertation, University of Michigan.

Tenny, Carol (1987) *Grammaticalizing Aspect and Affectedness*, Doctoral dissertation, MIT.

Thomson, A. J. and Agnes V. Martinet (1980) *A Practical English Grammar* [3rd Edition], Oxford University Press, Oxford.

Thompson, Ellen (1995a) "Temporal Ambiguity of Clausal Adjuncts and the Syntax of Simultaneity," *NELS* 25, 473–487.

Thompson, Ellen (1995b) "The Structure of Tense and the Syntax of Temporal Adverbials," *WCCFL* 13, 499–514.

Thompson, Ellen (1996) *The Syntax of Tense*, Doctoral dissertation, University of Maryland.

Travis, Lisa (2000) "Event Structure in Syntax," *Events as Grammatical Objects*, ed. by Carol Tenny and James Pustejovsky, 145–186, CSLI Publications, Stanford, CA.

van Oirsouw, R. (1987) *The Syntax of Coordination*, Croom Helm, Oxford.

Vendler, Zeno (1967) *Linguistics in Philosophy*, Cornell University Press, Ithaca, New York.

Verkuyl, Henk (1993) *A Theory of Aspectuality*, Cambridge University Press, Cambridge.

Warner, Anthony R. (1993) *English Auxiliaries: Structure and History*, Cambridge University Press, Cambridge.

Wasow, Thomas (1977) "Transformations and the Lexicon," *Formal Syntax*, ed. by Peter Culicover, Thomas Wasow, and Adrian Akmajian, 327–360, Academic Press, New York.

Wekker, Herman Chr. (1976) *The Expression of Future Time in Contem-*

porary British English, North-Holland, Amsterdam.

Wilder, C. (1995) "Some Properties of Ellipsis in Coordination," *Geneva Working Papers* Vol. ii, No. 2, 23–61.

Wurmbrand, Susi (1999) "Modal Verbs Must Be Raising Verbs," ms., McGill University. [To appear in *WCCFL* 18]

Zagona, Karen (1988) *Verb Phrase Syntax: A Parametric Study of English and Spanish*, Kluwer, Dordrecht.

索　引

あ 行

アスペクト句（Aspect Phrase: AspP）114
一時性　125, 130
一時的述語（stage-level predicate）138, 145, 186, 187, 195, 197
一時的状態　125
一致（agreement: AGR）　5, 177, 192
移動　150
移動経路（motion path）　120
意味合成（conflation）　121, 128, 136
意味選択（semantic selection）　184
意味的主要部（semantic head）　117, 122
意味役割（semantic role）　94
右端（right-periphery）　191
演算子　186

か 行

外項　149, 164, 168
外心構造　176
蓋然性（probability）　66
開放条件文（open condition）　84
格　192
格下げ　158
拡大投射原理（Extended Projection Principle: EPP）　150
格フィルター　150, 152
過去移動（past-shifted）の解釈　58–60
過去形　125, 133
過去形形態素 PAST　8, 86
過去形の法助動詞　91
過去時制［Past］　8, 38, 51
過去時制の代用［代役］　51, 52, 56, 57
過去分詞（past participle）接辞　3
可算名詞（countable noun）　118, 187
仮想条件文（hypothetical condition）84
活動（activities）　105
活動相　106
過程（Process: P）　106
過程事象　109, 126, 155
過程+状態　110, 120, 143, 171
仮定法（subjunctive mood）　65
仮定法過去　65, 84, 86, 91
仮定法過去完了形　88
仮定法現在　65, 76–84
仮定法現在法助動詞 Mod$_{Subj}$　79–81
可能性（possibility）　66
含意（entailment）　134
関係詞節　179
冠詞　179, 183
間接疑問文　27
間接目的語　165
間接話法（indirect speech）　90
完了形　50–52, 124
完了形形態素 -en　8
完了した（telic）　105
完了相　117, 133, 138, 156
完了相の have　2
完了の副詞　117
完了のペア（telic pair）　120
偽（false）　84
帰結節（apodosis）　84
疑似照応詞　172, 174
疑似的な虚辞（quasi-expletive）　133
疑似的な項　161

[211]

212　索　　引

基準時 (reference time: R)　40, 133, 134
擬人的　129
機能範疇　1–8
　～の階層　35–37
　～の投射　145
義務 (obligation)　66
義務的 (deontic: D) 解釈　92, 101
疑問節　21
疑問タイプ　180
疑問文　152
逆行削除 (backward deletion)　189
吸収　150
境界のある状態 (boundary state)　144
強調素性 [+Emph(asis)]　19
強調の Aff [+Emph]　70, 71
共同認可 (co-identification)　173
許可 (permission)　66
局所性　189
虚辞　132, 142, 147
(事象の)際立ち　123, 127, 137, 158, 159, 162
屈折要素 (inflection: I)　5
繰り上げ構造　195, 197
繰り上げ (raising) 構文　94, 96, 100
繰り上げの be 動詞　139
経験　49, 50
経験者 (Experiencer)　114, 132
形式主語(虚辞 (expletive))　34
形式主語の there　96
形式助動詞 do　16
繋辞 (copular) の be　2, 30, 31
継続　49, 50
形態素の融合　4, 9
形容詞　178
形容詞的受動態 (adjectival passive)　164
結果状態　50, 107, 134, 136
結果の述語　157
決定詞 (determiner: D(et))　1, 176

原因 (Cause)　113, 143
現在形形態素 PRES　8
現在形による未来表現　53, 54
現在形の法助動詞　91
現在時制 [Pres(ent)]　8, 38, 62, 86
現在との関連性　134
現在分詞　33
現在分詞 (present participle) 接辞　3
語彙概念構造 (lexical conceptual structure)　108
語彙規則　164
語彙範疇　1
項構造 (argument structure)　108
恒常的　184
構成素否定 (constituent negation)　20, 82
肯定 (affirmative)　14
肯定タイプ　181
個体型の解釈　98, 99
個体述語 (individual-level predicate)　138, 145, 186, 187, 195, 197
根源的 (root: R) 解釈　92–101
コントロール構造　195, 197
コントロール (control) 構文　94, 96
コントロールタイプ　139

さ　行
再構築 (reconstruct)　140
最後の手段 (last resort)　17, 23, 81
最短移動 (shortest movement) の制約　10, 11
削除　177, 189
削除規則　188, 196
左端 (left-periphery)　191
作用域 (scope)　100–103, 139
参与者　167, 170
自己制御可能 (self-controllable)　129
指示性　111
事象 (event)　105
　～が終結している　(Culminate: Cul)　125

索引 213

〜の回数　146
〜の完了　110
〜の際立ち　107
〜の頻度　186
〜の副詞　166
〜の連続　106
事象関数 (event function)　117, 119, 126, 134, 156, 157, 159
事象構造 (event structure)　105, 166
事象・項連結の原理　171, 173, 174
事象時 (event time: E)　40
事象修飾の認可条件　107, 156
事象投射の原則　117, 119
時制 (tense: T)　38, 111, 112, 181
　　〜の一致 (sequence of tense)　59, 90
　　〜の調和 (tense harmony)　60
時制形態素　8, 69
時制素性 [Tense]　5, 8, 38, 81, 150
指定部　189
指定部・主要部一致 (Spec-head agreement)　6, 192
指定部要素　178
自動詞由来の過去分詞　159
島の制約　182
尺度　115
尺度の解釈　160
従属の構造　194
主格 (Nominative: Nom)　112, 150
熟語の断片 (idiom chunk)　150, 164
縮約否定辞 n't　32, 81
主語 (Subject)　125, 139, 195
主語・助動詞倒置 (subject-auxiliary inversion: SAI)　21–27, 32
主題 (Theme)　150
主題 (topic)　102
主題要素　135
述語名詞 (predicate nominal)　184
述部　182
受動態　149, 158
受動態の be　2, 31

受動態分詞 (の形態素/ -en)　33, 149, 159
主要部　189
主要部移動 (head-to-head movement)　180
主要部付加の制約　20
順行削除 (forward deletion)　189
条件　185
条件の if 節　61, 63
照合　150
小節 (small clause: SC)　33, 144, 166
状態 (states)　105
状態相　106, 127
状態 (stative) 動詞　47, 137
状態文　119, 129
状態変化の事象　110
焦点　156
焦点化　136
叙述 (predication)　102
叙述構文　103
叙述内容　65
助動詞 (auxiliary verb)　1–3, 188
所有格　177
真 (true)　66
進行形形態素 -ing　8, 9
進行相　125
進行相の助動詞 be　2, 31
心理的述語　143
推移 (Transition: T)　106
推移事象　155
推論規則　148
数 (number)　5
数量 (cardinal)　118
数量詞 (partitive)　100–102, 118
性 (gender)　5
制御可能性　73
接辞形態素　81
接辞の融合制約　16, 70, 81
接続　188
接続詞　188

214　索　　引

接頭辞　164
全域的規則適用（Across the Board rule application（ATB））　193, 196
前置詞　154, 162
前提（presupposition）　84
相（aspect）　105
創作動詞（creation verb）　162
総称　139, 142
総称の演算子（generic operator）　139
総称文（generic sentence）　47
束縛（bind）　186, 190
素性の照合　112
存在　139, 142
存在の演算子（existential operator）　139

た　行

態（voice）　149
　～の交替　93, 95, 97, 98
対格（Accusative: Acc）　112, 150, 153
対格素性　153
達成（accomplishments）　105
達成相　106
達成動詞　123, 155
単一の事象（e）　106
段階的(な（gradable）修飾要素）　184
単純過去時制　48
単純現在時制[形]　47, 53
単純未来の will　60
近い未来　128
着点　120
直説法（indicative mood）　65, 84, 91
直接話法（direct speech）　59
定形（[＋finite]）　181
定形（finite）節　39
定形補文　58-60
丁寧表現　129
テスト　109
天候　148
転送　150

等位項　189
等位構造制約（Coordinate Structure Constraint）　193
同一指標　192
等位の接続構造　194
動作主（Agent）　113, 131, 150
動詞句　120, 190
動詞句削除（VP deletion）　28-30, 32
動詞句省略（VP ellipsis）　28-30
動詞句前置　27, 28
同時性　172
同時の（simultaneous）解釈　59
投射　113, 179
到達（achievements）　105
到達相　106
到達動詞　123, 137
同定（identificational）　35
動的（dynamic: DY）解釈　92, 102
「時」の意味解釈（temporal interpretation）　39
時の解釈　40-43, 76, 82
時の副詞節[表現]　43-47, 60-63
特定的（specific）解釈　100
特定的な（specific）　49

な　行

内項　150, 164
内項写像の原理　108, 139, 145
内心構造　176
内心性　5
内心的（endocentric）　4
何かを生み出す（effective）または状態変化　169
二次述語　156, 162
二重接触（double-access）の解釈　59
認識様態（eipstemic: E）（の解釈）　61, 92-97, 101
人称（person）　5
能動受動態　168
能動態　149

索引 215

は行
背景化　124
場所　121
場所解釈の名詞句　162
場所の解釈　160
派生　153
破綻　153
発話時（speech time: S）　40, 44, 125, 135
非合法的な連鎖　154
非状態（non-stative）動詞　47
非対格動詞（unaccusative verb）　114
否定（negative）　14
　〜の命令文　70
非定形（non-finite）節　39, 55
否定辞　103
否定文の not　15
非特定的（non-specific）解釈　101
非特定的な　49
非能格動詞（unergative verb）　114
頻度を表す副詞　187
付加疑問　73
付加疑問文（tag question）　30–32
不可算名詞　118, 187
付加詞　14, 19, 185
不定形（[−finite]）　181
不定詞節　39
不定詞補文　54–58
不定名詞（indefinites）　187
文否定（sentence negation）　14, 19
文否定の Not　14–21
文副詞（sentence adverb: S-Adv）　11, 12, 46
編入（incorporate）　115
法（mood）　111
法演算子　100
法助動詞　2, 90–104
ホット・ニュース　50
補部　189
補文のタイプ　180

補文標識（complementizer: C(OMP)）　1, 112, 176, 180

ま行
末尾（coda）　141
未完了（atelic）　105, 155
　〜の副詞　117
未完了性　125
未完了相　117, 126
未来完了　52–53
未来表現の Will（Shall）　48–50
未来予測　48
無冠詞複数名詞(句)　117, 139, 163, 197
無生物主語　131
ムード（mood）（法，あるいは叙法）　65
名詞句内における受動態　163
命題（proposition）　65
命題型の解釈　98, 99
命令　148
命令文　66–72, 76
命令文の主語　72–75
命令文法助動詞 Mod_{Imp}　68
命令法（imperative mood）　65–76, 81
目的語削除　171
モダリティ（modality）（法性）　65, 90

や・ら行
融合（merge）　112
有生（animate）名詞　129, 131
様態の副詞　113, 131, 135, 159
隣接　26
隣接条件　9, 16, 70
連鎖　154
連鎖条件　161
論理形式（LF）　153

A～Z

Abney 176
acting 130
Aff 15, 19
AffP 15
Aux 3
Bach 118
be 動詞 2, 31-35, 142
Borer 114, 163
Burton and Grimshaw 195
by 句 169
by の補部 151
C 67, 78, 85
c 統御 190
Carlson 141
chain 154
Cheng 181
Chierchia 142
Chomsky 111, 113, 116, 154
Conjunction Phrase (CoP) 188
CopP 33
CP 7
Culicover 183
Determiner Phrase (DP) 176
Diesing 131, 139, 187
Do 支持 (do-support) 14-21, 26, 28, 67, 71, 78, 80, 81
Doron and Rappaport 168
DP 190
DP 仮説 (DP hypothesis) 176
Event Measurement: EM 115
Fellbaum 163
for ～ 修飾要素 117
for an hour 110
Fukui and Speas 178
Goldberg 122
Grimshaw 151, 171
Grimshaw and Vikner 169
Hale and Keyser 113
have 145
Heim 187
Higginbotham 117, 121, 144
I 5, 38, 78
I への繰り上げ 10, 12, 21, 27, 31, 69
I-to-C 移動 (I-to-C movement) 22, 31, 74
if 条件節 (protasis) 84
in an hour 109
IP 5, 38
IP 指定部へ繰り上げ 97
IP 分析 5
Johannessen 188
Kayne 192
Kitagawa 195
Kratzer 139, 186
Kuroda 195
Larson 179
Leech 135
Levin 162
Levin and Rappaport 165, 171
Longobardi 179
make 145
McClure 162
Mod 6, 78
Mod_{Imp} 71
ModP 6
Mod_{Subj} 83
Neg 15
NegP 15, 145
never 19
not 14
n't 20, 21, 24, 75
Parsons 125, 134
Partee 131
PassP 32, 145
Perf 6
Perf [+Perf] 42
Perf [-Perf] 42
[+Perf(ect)] 41
[-Perf] 41
PerfP 6, 133
Pesetsky 153

Prog   6, 42
ProgP   6, 32, 125
pro_{you} 72
Pustejovsky   107, 117
[+Q]   21
Rapoport   156
Rappaport-Hovav and Levin   171, 173
right-headed   159
Ritter and Rosen   144, 148
Rizzi   154
R_{Mod} 40
Roberts   188
Roeper   152
Ross   193
Rothstein   146, 166
R_v 40
R_{will} 48
S′ (S-bar)   7
Saito and Murasugi   177
should   77
Small v   111
Snyder   155
Speas   122
S_{PRO} 55, 82, 88
Stump   188
SVC   154
SVOC 文型   144
T [Past]   42
T [Pres]   42

Talmy   121
Tenny   160
that 節   151, 153
there   34
there 構文   34, 140
though 移動   182
TP   112
un-受動態 (un-passive)   144
v   113, 132
van Oirsouw   188
Vendler   105
Verkuyl   118
VP 前置 (VP-preposing)   27
VP 副詞   46
VP 話題化 (VP-topicalization)   27
Wasow   164
What happened?   109
wh 移動   25
wh 疑問文   25
wh の島   161
[+WH]   25
will   42
wish   89
X′ (X-bar) 理論   4, 123
yes-no 疑問文   22, 31
α 接続 (Coordinate-α)   188, 190
θ 基準   165
Σ   14
ΣP   14

〈著者紹介〉

原口庄輔（はらぐち　しょうすけ）　1943 年生まれ．明海大学外国語学部教授．

中島平三（なかじま　へいぞう）　1946 年生まれ．東京都立大学教授．

中村　捷（なかむら　まさる）　1945 年生まれ．東北大学大学院文学研究科教授．

河上誓作（かわかみ　せいさく）　1940 年生まれ．大阪大学大学院教授．

金子義明（かねこ　よしあき）　1956 年福島県生まれ．東北大学大学院文学研究科博士前期課程修了．現在，東北大学大学院文学研究科助教授．主著：『生成文法の基礎―原理とパラミターのアプローチ』(研究社出版，共著，1989)，『生成文法の新展開―ミニマリスト・プログラム』(研究社出版，共著，2001) など．

遠藤喜雄（えんどう　よしお）　1960 年東京生まれ．筑波大学大学院博士課程満期退学．現在，横浜国立大学助教授．論文："Extraction, Negation and Quantification," Shosuke Haraguchi and Michio Funaki eds. *Minimalism and Linguistic Theory* (Hituzi Shobo, 1995), "Smaller Clause," *Proceedings of the Nanzan GLOW,* (共著，Nanzan University, 2000) など．

英語学モノグラフシリーズ 8
機 能 範 疇

2001 年 8 月 15 日　初版発行

編　者　原口庄輔・中島平三
　　　　中村　捷・河上誓作
著　者　金子義明・遠藤喜雄
発行者　池　上　勝　之
印刷所　研究社印刷株式会社

KENKYUSHA
〈検印省略〉

発行所　株式会社　研究社
http://www.kenkyusha.co.jp

〒102-8152
東京都千代田区富士見 2-11-3
電話　(編集) 03(3288)7755(代)
　　　(販売) 03(3288)7777(代)
振替　00150-9-26710

ISBN4-327-25708-7　C3380　　Printed in Japan